新时代

大学教学改革研究

吴能表 朱亚萍◎主编

西南师范大学出版社
国家一级出版社 全国百佳图书出版单位

图书在版编目(CIP)数据

新时代大学教学改革研究 / 吴能表，朱亚萍主编
. --重庆 : 西南师范大学出版社，2020.5
ISBN 978-7-5621-9993-9

Ⅰ. ①新… Ⅱ. ①吴… ②朱… Ⅲ. ①高等学校一教学改革一研究一中国 Ⅳ. ①G642.0

中国版本图书馆 CIP 数据核字(2020)第 072883 号

新时代大学教学改革研究

XINSHIDAI DAXUE JIAOXUE GAIGE YANJIU

主　　编：吴能表　朱亚萍
副 主 编：李　俐　罗丽君

责任编辑：郑先俐
责任校对：雷　刚
装帧设计：闰闰江文化
出版发行：西南师范大学出版社
　　地址：重庆市北碚区天生路 1 号
　　邮编：400715　市场营销部电话：023-68868624
　　网址：http://www.xscbs.com
经　　销：全国新华书店
印　　刷：重庆共创印务有限公司
幅面尺寸：170mm×240mm
印　　张：15.25
字　　数：289 千字
版　　次：2020 年 6 月　第 1 版
印　　次：2020 年 6 月　第 1 次印刷
书　　号：ISBN 978-7-5621-9993-9

定　　价：68.00 元

本书编委会

主　编　吴能表　朱亚萍

副主编　李　俐　罗丽君

编　委　（按姓氏笔画排序）

王春华　石定芳　朱亚萍　李　俐

吴能表　邹士鑫　易　鹏　罗　欢

罗丽君　胡嘉瑜

XU 序

不断提高教育教学质量是大学永恒的主题，这既是高等教育自身发展规律的需要，也是办好人民满意的高等教育的需要，更是建设创新型国家的需要。进入新时代，加快世界一流大学和一流学科建设，实现高等教育内涵式发展，成为国家提出的重大战略构想。奔跑在“双一流”建设大道上的新时代大学，呈现出热情昂扬的生命力，而教学正是塑造新时代大学生命的灵魂。教学改革是学校发展的不竭动力，是新时代大学改革的核心，也是提高人才培养质量的根本。

新时代大学教学改革的“小逻辑”，必须服从和服务于党的教育方针、经济社会发展和时代变革需求的“大逻辑”。在改革过程中必须突出“质量至上”的导向，努力构建以质量文化为核心的新时代高等教育改革模式。以构建协同育人机制为抓手，以推进现代信息技术与教育教学深度融合为纽带，以推进一流专业建设为龙头，以激发学生学习兴趣和潜能为目标，不断深化教学改革，持续提高人才培养质量。新时代大学教学改革必然涉及新的教学理念的重塑、新的教学目标的重构和新的教学实践的重奏。这些都是改革过程中的关键点和“硬骨头”，啃下这些“硬骨头”，不仅要有大刀阔斧的改革“大步伐”，更要有脚踏实地的实践“小步子”，“小步子”走得有力，“大步伐”才能迈得更稳健。

新时代大学教学改革的路径探索是一项充满艰辛和汗水的事业。亦步亦趋跟随和简单照搬照抄现有做法不可行，按照老思路、老办法和照搬老经验、老套路也不可行，那样的结果只能是学生不适应、教师不习惯、条件不允许、效果不显著。开创中国特色高等教育教学改革发展之路，总结中国特色高等教育教学改革历史经验，不断探索中国特色高等教育教学改革创新举措，是构建和完善中国特色高等教育理论体系的重要组成部分，是新时代赋予每一位高等教育研究者的神圣使命和光荣职责。我们必须探索一条符合新时代中国实际的大学教学改革具体路径，逐步实现教学理念、教学目标、教学实践的根本性转变，做新时代高等教育创新发展的先行者、探索者和引领者。

本书为我们提供了这种探索的可能和方向。作者在理论研究和实践探索的基础上，对新时代大学教学改革所涉及的基本要义、理论基础、定位依据、培养模式、教学模式、学习方式、管理体制以及管理模式等方面进行了较为系统的梳理和阐述，也详细展示了西南大学的教学改革经验。全书既显示了理论支撑上的“顶天”，也体现了实践参考上的“立地”，个中论述充满了人文气息。本书既是近年来国内深入研究我国大学教学改革的重要成果，也是构建新时代高等教育教学改革创新模式的积极探索。

2019 年 10 月

QIANYAN 前言

党的十九大胜利召开，宣示着中国特色社会主义进入全面建设社会主义现代化强国的崭新时代。伴随着中国特色社会主义进入新时代，大学应牢牢抓住历史机遇，坚持内涵式发展，锐意推动教育教学改革，不断提高人才培养质量，早日建成中国特色世界一流大学，为新时代中国特色社会主义事业做出新贡献；在构建人类命运共同体的伟大实践中，坚守中国特色社会主义大学的主体性，在立足中国现实的基础上不断提炼现实，在弘扬中华优秀传统文化的基础上不断突破传统，在借鉴国外经验的基础上不断超越国外，为世界高等教育事业的发展彰显中国气派、贡献中国智慧和中国方案；在新一轮科技革命和产业变革的大背景下，必须将培养堪当民族复兴大任的时代新人作为核心任务，深化教育教学改革研究，为促进人的全面发展和社会进步提出关键举措。

新时代大学要以“四个回归”和“以本为本”为基本遵循和发展理念，深入学习和贯彻落实全国教育大会和新时代全国高等学校本科教育工作会议精神，紧紧围绕立德树人根本任务，实现高等教育内涵式发展。以全面振兴本科教育攻坚行动的落实与推动为龙头，促使本科教育的基础地位得以不断巩固；以“六卓越一拔尖”计划2.0的精彩上演为基础，引领新工科、新医科、新农科、新文科发展呈现新气象；以本科教育“质量革命”的不断推进为抓手，推动“质量中国”行动在高等教育领域率先发力；以高校创新创业教育改革的持续深化为主线，引导“创新中国”品牌打造在高等教育领域拉开帷幕；以优质开放共享的一流课程建设为载体，推进“互联网＋”“智能＋”等现代信息技术与教育教学深度融合。近年来，围绕以上改革举措，新时代大学的教育教学改革正如火如荼地进行，呈现出一片蓬勃生机。

基于新时代中国大学教育教学改革的生动实践，我们认为，努力建构中国特色世界一流的高等教育教学改革理论体系，具有非常重要的理论意义和实践意义。以思想创新和理论创新引领改革和发展实践，为教育现代化和高等教育强国建设提供强劲的动力支撑，是当前高等教育管理者和研究者的崇高使命。近年来，西南大学在本科教育教学改革实践中取得了一些令人欣喜的成果和较为成熟的经验，我们立足于这些实践经验和理论探索编写了此书，以期与诸位同仁分享拙见、共同探讨。本书从新时代大学教学改革的时代背景、基本要义、理论基础、定位依据等着手，以大学教学改革的实践逻辑为主线逐章展开，最后以介绍西南大学的教学改革实践为结语。我们力争使本书成为一本兼具理论建构和实践指导双重功效的读本，促使新时代大学的理论指导型教育教学改革模式早日落地。

一本学术著作的完成，是建立在艰苦的研究和精诚的多方合作基础之上的。但是，由于本书编写时间仓促，编者水平有限，书中定有诸多不成熟、不完善的地方，敬请读者朋友批评指正，任何意见和建议均会受到最热烈的欢迎！

编委会

2019 年 6 月

MULU 目录

第一章　新时代大学教学改革的基本要义与理论基础

改革开放以来，我国高等教育逐渐走上了一条适合中国国情、体现中国特色的发展道路，我国逐步由教育小国、弱国向教育大国、强国转变。党的十九大报告提出了“加快教育现代化与建设教育强国”的战略部署；中共中央、国务院印发的《中国教育现代化 2035》进一步提出，到 2035 年，高等教育竞争力明显提升，实现教育现代化，迈入高等教育强国行列。新时代高等教育事业全面、健康和内涵式发展，为高等学校坚持深化教学改革创新提供了新的机遇，也提出了新的挑战。因此，进一步明晰新时代我国大学教学改革的时代背景，厘清大学教学改革的基本要义，以及探索大学教学改革的理论基础，具有重要意义。

第一节 新时代大学教学改革的时代背景

将新时代大学教学改革的系统研究置于我国高等教育发展的时代背景之下，才能使大学教学改革遵循正确的发展方向和发展道路。党的十八大以来，我国高等教育受到前所未有的重视，取得了巨大成绩和历史性突破。随着社会主要矛盾的转变，高等教育依然存在诸多问题和矛盾，主要表现为高等教育大众化的快速推进、一流大学和一流学科建设、制度完善与制度改革、“互联网＋”的影响与冲击等。这些问题和矛盾构成了新时代我国大学教学改革的主题和背景，为进一步推动我国高等教育内涵式发展提供了机遇与挑战。

一、高等教育大众化的快速发展

自 1999 年大学扩招以来，高等教育大众化理论及其相关实践一直是人们关注的重点。2018 年 7 月教育部发布的《2017 年全国教育事业发展统计公报》显示，2017 年我国高等教育规模和结构步入新的发展阶段，高等教育毛入学率达到 45.7%，高等教育大众化水平不断巩固，并稳步迈向普及化阶段，我国已经成为世界高等教育第一大国。在新时代发展背景下书写高等教育的“奋进之笔”，推动高等教育迈向新征程，是我国高等教育大众化发展必须首先解决的问题。

高等教育的发展与改革既是一个理论问题，又是一个实践问题，不同利益主体和立场的人对高等教育大众化内涵的理解可谓仁智各见。1962 年，美国学者马丁·特罗(Martin Trow)在《美国高等教育民主化》一文中最早系统讨论高等教育大众化的概念及其理论。① 随着世界高等教育的发展，高等教育大众化逐渐被各国认同和接受，其概念本身也不断地演化和发展。在不同的发展阶段，高等教育大众化的内涵不尽相同，彰显了不同的教育价值观。大众教育是高等教育大众化的原生概念，萌芽于教育现代化的进程中。传统教育作为社会分层的工具及少数阶层的特权备受人们质疑，伴随着人类科学技术的不断进步和工业

① 谢作栩. 中国高等教育大众化发展道路的研究[M]. 福州：福建教育出版社，2001:12—20.

革命的发展,大众教育不断发展。夸美纽斯(J. A. Comenius)提出的班级授课制在一定程度上开启了教育现代化的同时,也为大众教育的发展奠定了教学组织形式上的基础。彼时的大众教育尽管在一定程度上推动了教育的普及与现代化进程,但其发展受工具理性和功利主义支配,大众教育和普及教育的发展实质上是为工业发展服务的,而高等教育依然是所谓"绅士""哲人"等特权阶级所建筑的象牙塔围墙,他们"不食人间烟火""关上大门,成为象牙塔围墙内自己的主人"①,高等教育与大众教育依然天各一方,成为识别、筛选社会精英的权威手段。威廉·冯·洪堡(Wilhelm von Humboldt)1809年创办了柏林大学,并进行了卓有成效的高等教育改革,将科学研究与教学同样作为大学的职能,不仅开启了高等教育发展的现代化,基本奠定了现代大学教学、科研和社会服务的三大基本职能,同时也激活了大学的发展活力,为高等教育的大众化发展提供了制度性的动力基础。

高等教育大众化无疑是萌生于上述大众教育的发展历程中的。需要再次强调的是,早期高等教育大众化与今天人们所理解的高等教育大众化在内涵上有较大的区别。高等教育大众化在提出初期是与精英教育相对应的。在马丁·特罗的高等教育大众化概念中,主要是通过量化的标准也就是今天我们主要采纳的"三个阶段"的毛入学率对精英教育与大众教育进行划分的:适龄青年高等学校入学率为15%以下则为精英教育阶段,入学率为15%～50%则为大众教育阶段,50%以上者则为普及高等教育阶段。② 从表面上看,高等教育大众化的讨论是精英教育与大众教育的对立,而维系两者联系的主线却是发展的"规模"。因而我们说,高等教育大众化概念从产生经历了半个世纪的发展,尽管其内涵与概念不断演变,但其本质就是关于高等教育规模的理论及其实践问题。③

改革开放以来,我国高等教育规模不断扩大,我国已是世界高等教育第一大国。虽然高等教育规模在"量"上不断发展,但是社会对人才的需求并不会随着规模大众化而降低对"质"的需求,反而对人才培养提出了更高的要求。伴随着我国经济社会发展步入新时代,当前我国高等教育发展的主要矛盾也越来越集中于"人民群众日益增长的对优质高等教育的需求和优质高等教育供给不足的

---

① [美]Clark Kerr. 大学的功用[M]陈学飞,等译. 南昌:江西教育出版社,1993:69.

② 邬大光. 高等教育大众化理论的内涵与价值——与马丁·特罗教授的对话[J]. 高等教育研究,2003(6):6-9.

③ 邬大光. 高等教育大众化的理论内涵和概念解析[J]. 教育研究,2004(9):20-24.

矛盾”①。高等教育大国并不意味着高等教育强国，规模不断拓展的同时，教育质量的提升必然是人们关注的重点。实际上，自我国高等学校扩招以来，尽管增加了人们接受高等教育的机会，但高等学校的教学质量问题同时引起了全社会的关注，社会上甚至出现关于教育“大众化等于平庸化”的担忧。高等教育规模的不断扩张伴随而来的是教学资源的紧缺，尤其是师资的匮乏；部分院校在大规模扩张过程中出现办学理念的偏差，特别是一些民办学校，片面追求办学经济效益，将扩大招生作为获取更多办学经费的重要途径。这一系列问题的存在，迫使提升高等教育教学质量、促进高等教育内涵式发展成为高等教育发展的主题。教育部在推动我国高等教育大众化的同时，启动了“高等学校本科教学质量与教学改革工程”，颁布了一系列政策法规保证高等教育质量，遏制我国高等教育质量下滑的趋势。高等教育大众化发展问题的关键在于规模拓展与质量提升的相互关系，高等教育大众化发展必须处理好两者之间的关系，在满足人们接受高等教育需求的同时，也要满足社会对优质高等教育的需求。为着力提升高等教育大众化背景下的人才培养质量，传统的以知识传输为主、“教师讲—学生听”的大学教学模式显然已经不能适应学生需求和社会发展需要，这就迫切要求大学更新教育观念，转变教学模式，以适应大众化背景下高等教育发展的新要求。

二、高等学校“双一流”建设的稳步推进

“双一流”建设是新时代我国高等教育发展的重要举措，十九大报告明确指出要“加快一流大学和一流学科建设，实现高等教育内涵式发展”。“双一流”建设从我国高等教育发展的实际出发，坚持“稳中求进”的原则，基于“985 工程”“211 工程”建设成果，在新时代、新征程上力求平稳开局、平稳过渡、平稳推进，不搞全体发动、推倒重来，充分调动各方面的资源和力量，推动一批高水平大学和学科进入世界一流行列或前列，加快高等教育治理体系和治理能力现代化，提高高等学校人才培养、科学研究、社会服务和文化传承创新水平，推动高等教育改革不断深化，切实促进高等学校内涵式发展和质量提升。

“双一流”建设的本质是我国高等教育重点建设、重点发展思想的延续。我国高等教育重点建设、重点发展政策已经有相当长的历史，建设世界一流大学和

① 瞿振元.我国高等教育由大向强的新步伐[J].中国高教研究，2016(1)：1－3.

世界一流学科早已成为国家意志和习近平新时代中国特色社会主义思想在高等教育发展领域的重要体现。与我国高等教育大众化发展思想不同，它缘起于我国在国力较弱的情况下如何实现"穷国办大教育"的政策选择。1991年，全国人大七届四次会议通过了《中华人民共和国国民经济和社会发展十年规划和第八个五年计划纲要》，计划"有重点地办好一批大学。加强一批重点学科的建设，使其在科学技术水平上达到或接近发达国家同类学科的水平"。随后，国家计委、教委、财政部印发《"211工程"总体建设规划》的通知，重点关注三个方面："一是学校整体办学条件建设；二是重点学科建设；三是高等教育公共服务体系建设。"①"双一流"政策于2015年正式发布，无论是从建设的原则、目标、总体思路，还是从建设的政策工具来看，都是"985工程""211工程"的延续。从国家公布的"双一流"建设学校的名单也不难看出，一流学校基本是"985工程"学校，一流学科建设学校也多是"211工程"学校。但"双一流"建设不是"985工程"和"211工程"的简单延续，它是新时期我国高等教育发展在政策上的调适。

毫无疑问，"985工程"和"211工程"极大地推进了我国高等教育的发展，有力地推动了我国顶尖大学的建设和发展，但仍然留下了不少问题。第一，虽然"985工程"和"211工程"高度重视体制和机制建设与创新，但我国高等教育在培养拔尖创新人才和产生重大原创成果方面仍然与发达国家具有一定的差距；"985工程"和"211工程"重在培育和发展研究型大学，极大地提升了我国大学在世界大学中的排名和地位，但我国大学依然面临着持续创新能力不足的问题。"钱学森之问"至今仍是我国高等教育创新发展的一个困惑。第二，"985工程"和"211工程"过于依赖国家单一的高等教育投入体制，较多的行政干预的倾向一定程度上成为高等学校发展和学术研究进步的桎梏，制约了我国高等学校和学术研究的进一步发展。第三，我国高等教育区域、校际发展不均衡问题较为突出，"985工程"和"211工程"动辄数十亿甚至过百亿的办学经费预算与大部分地方院校教学经费不足形成鲜明对比，高等教育系统的中层和底层高等学校的资金不足，无法满足地方院校提供优质教学资源的需求，实际上构成了中国高等教育的"阿喀琉斯之踵"。② 第四，尽管我国高等教育发展取得了较为喜人的进步，但我国在高等教育服务贸易方面存在显著的逆差，一些发达地区的重点高中和

① 张端鸿."双一流"：新时期我国院校重点建设政策的延续与调适[J].教育发展研究，2016(23)：67－72.

② Philip G. Altbach. China's Glass Ceiling and Feet of Clay[J]. University World News，2016(2).

班级甚至超过一半的优秀学生选择留学。① 此外，在高等教育重点建设内部存在“身份固化、竞争缺失、重复交叉等一系列其他问题，迫切需要加强资源整合，创新实施方式”②。因而，“双一流”建设在延续我国高等教育重点建设、重点发展思想基础上，逐步实现政策的不断调适，较为系统地回应了前期建设中存在的问题。如在“双一流”建设方案中强化兼顾公平、体现差异、注重实效、尊重办学自主权等，在具体做法上较为突出地重视学科的整体发展。

学科是现代高等教育的重要基础，无论是梳理大学的发展脉络还是考察现代学位制度的发展历史，都不难发现学科与高等教育的发展存在着天然的、无法割裂的关系。不管是理性主义大学思想，强调大学对永恒真理的追求以及对大学的纯洁性、学术自由的向往而将知识与市场和政治场所相分隔，构建“象牙塔”式的大学③，还是工具主义的大学观，强调大学的社会服务与经济发展的功能，都不能忘了“现代大学制度的第一个重要传统就是学科中心，大学的基础组织结构以学科为基础”④。大学本质上是以学科为基础形成的学术共同体。大学不是简单的学术知识的累积——那只是图书馆；大学也不是简单地聚拢本科生、硕士研究生、博士研究生、讲师、教授、研究员等一系列人员的机构，而是以多学科为基础所形成的学术共同体。它是发现、应用、综合与传播学术的学科共同体。大学与学科休戚相关，拥有一个或者数个一流学科无疑是评判一流大学的重要指标。2016 年 5 月，潘懋元先生在厦门大学举行的“一流本科教学高峰论坛”上指出，在“双一流”建设中，应当重点加强一流学科建设，把学科建设摆在第一位。⑤ 学科存在两个层面的意义：一是相对于教育而言的学科(subject)；二是相对于学问而言的学科(discipline)。前者是指知识的分门别类，后者是指专门而高深的知识。⑥ 依托学科进行的大学教学也就存在两个方面的内容：一是作为分门别类的学科知识的学习；二是专门高深知识的发现、探索、创新和传递。学科建设不仅是实现高等学校内涵式发展的主题之一，同时也是大学专业建设和

---

① 中国青少年研究中心课题组.我国低龄留学生发展状况研究报告[J].中国青年研究，2013(11)：5－25.

② 张端鸿.“双一流”：新时期我国院校重点建设政策的延续与调适[J].教育发展研究，2016(23)：67－72.

③ 徐小洲，等.高等教育论——跨学科的观点[M].北京：人民教育出版社，2003：12－13.

④ 王英杰.大学基础组织结构的建构：传统与创新[J].探索与争鸣，2013(6)：4－6.

⑤ 潘懋元.建设一流本科 全面统筹推进[J].中国大学教学，2016(6)：4－5.

⑥ 王英.学科建设以合作为基础[J].高等工程教育研究，1999(3)：24－26，31.

大学教学改革的根本，大学教学改革必须紧紧围绕学科发展和学科建设的逻辑框架。学科建设是高等学校人才培养的基础，没有一流的学科，就不可能有高层次的人才产出，同样不可能推动一流大学建设。在建设世界一流大学和一流学科的背景下，如何进行大学教学改革，培养适应社会需求的高素质创新人才，有效提升高等学校服务社会的水平和国际竞争力，已成为亟待解决的重要课题。

三、现代大学制度的日益完善

现代大学制度的完善与改革不仅是当前我国高等教育发展普遍关注的核心问题，同时也是我国深化大学教学改革的热点问题。教育部在 2010 年颁布的《国家中长期教育改革和发展规划纲要（2010—2020 年）》第十三章较为系统、明确地规定了现代大学制度完善与改革的思路是“完善治理结构，完善中国特色现代大学制度”。随后，教育部在全国确立了 48 个现代大学制度改革试点，成立了国家教育咨询委员会，并专设现代大学制度建设组，颁布一系列规范条例，组织工作会议，探索我国现代大学制度改革的经验。国家不仅在推动高等教育规模不断发展，同时也更加注重构建现代大学制度体系。现代大学制度完善与改革是复杂多元、动态开放的系统工程，大学制度体系内外环境中复杂的相互关系使得现代大学制度完善与改革存在“牵一发而动全身”的可能。尽管国家、社会和高等学校等各个方面都高度重视大学的制度建设，但在一定程度上可以说，我们依然处在现代大学制度建设的探索期。

如果说高等教育大众化回应的是大学要实现什么样的发展，“双一流”建设回应的是大学要如何发展的话，现代大学制度改革则是对大学本体论的回应，即我们要什么样的大学。“现代大学制度”可以说是我国本土建构的一个概念，在英语世界里并没有“现代大学制度”这个词汇，这个概念是我国学者从“现代企业制度”移植过来的。经过十几年的探索和讨论，学界实际上对于“现代大学制度”的概念并没有统一的认识，但基本认同“现代大学制度”是关于高等学校“本体”在宏观方面的建构，也就是探索大学、政府、社会等外部系统的关系及其大学内部各个要素之间关系的一种规范体系，它不是单一的规范或者单一的制度，而是一个完整的、系统的体系。① 虽然国外并没有明确的“现代大学制度”概念，但是

① 张斌贤. 现代大学制度的建立与完善[J]. 国家教育行政学院学报，2005(11)：32—39，12.

从洪堡建立第一所真正意义上的现代大学开始，西方的大学经过了两个多世纪的发展，已经形成一些稳定的、本质性的发展制度和模式，为探索我国现代大学制度体系提供了宝贵的经验。

英国教育家阿什比(Eric Ashby)曾说："任何类型的大学都是遗传与环境的产物……大学是继承文化的机构。它保存、传播和丰富人类文化，并像动物和植物一样向前进化。"①各国大学在发展进程中逐渐形成了大致三种类型的大学制度体系：德国柏林大学的讲座制、美国的学系制和苏联的教研室制。

讲座制最早萌芽于16世纪，讲座教授专门负责向学生传授他的学科或者他研究的主要问题和领域。讲座主要是作为知识传授的一种方式，是一种大学教学组织形式。之后，随着自然科学的兴起，学科逐步分化，学术分工不断细化，洪堡创办柏林大学之后提出科研与教学统一的思想，讲座制作为大学基层教学组织形式，被赋予开拓新知识、创立新学科的学术权力与责任，集教学、科研与服务功能于一身。以讲座制为核心的现代大学制度体系强调学术自由理念。康德(Immanuel Kant)曾经指出，大学学术共同体应包含一个教学独立于行政支配之外的学部，没有任何外界对它下达指示，它可以自由评估一切，并仅关心那门科学自身的利益——真理；学部是理性公开立说的必要平台，学术和理性来自它们在"真"的问题上不承认任何外在的命令。一方面，讲座制的确立和发展对德国和世界高等教育产生了积极的影响。另一方面，讲座制本身也给大学的发展带来了消极的影响。例如，教授过于集权影响学术民主；讲座制因循守旧，领域狭窄，容易形成学科壁垒；讲座制无法适应学生规模和研究领域的快速发展等。

二战后，随着经济和社会的不断发展以及制度的创新，美国成为世界高等教育的中心，创设了以学系(department)制为核心的大学制度建设模式。学系制在美国经历了一个移植、借鉴和创新发展的过程。19世纪一二十年代，哈佛大学在学习柏林大学讲座制的基础上，并没有照搬德国教授负责的讲座制，而是将讲座制与学科发展融合在一起，把相关学科合并为系，于1825年创立以学系为中心的大学组织管理体系。② 学系作为大学的基础组织形式，由多名相关学科教授组成，涵盖的学科多于德国的讲座制。学系不仅可以抑制教授的个人权力，

---

① Ashby E. *Adapting Universities to a Technological Society*[M]. San Francisco: Jossey-Bass Publishers, 1974.

② John H. Van de Graaff. The Politics of Innovation in French Higher Education: The University Institutes of Technology[J]. Higher Education, 1976(2):189-210.

还可以跨学科甚至跨学校，将校内与校外学者团体联系起来。① 20世纪中期，学术研究从自然科学兴起以后形成的学科分化与学术分工细化，转向综合学科、跨学科、边缘学科的研究，美国大学在学系之外成立了很多专门的科研组织，如研究所、研究中心、实验室、研究项目小组等。这些科研组织，与学系重在知识传授和学科发展的使命不同，多数是以问题为中心，重在解决理论和现实问题。美国这种以学系制为基础，与以“问题为导向”的其他科研组织的设置所建构的高等学校基层组织体系设计，推动了美国高等教育的发展，并产生了世界性的影响。但由于学系分离，加之过于强调利益，追求教师研究、教学的个人平等和自由而造成教学质量滑坡，学科间很难达成彼此认同。

新中国成立初期，苏联高等教育的发展对我国大学制度建设产生了巨大的影响。苏联的大学主要是围绕教研室为中心构建大学教学组织形式和制度体系的。教研室在苏联的出现源自19世纪上半叶的莫斯科大学，当时俄国在成立大学的同时还创办了科学院，造成教育与科研的相对分离。教研室作为大学基层教学组织主要承担知识传授的功能，承担部分学术研究的功能，并在苏联时期逐渐规范化、制度化。但随着苏联的解体，大学的教研室功能逐渐拓展，日渐注重科学研究：教研室的主要任务是组织和进行一门或几门学科的教学、教学法研究、学生的思想教育、本专业范围内的科学研究、教学干部的培养和业务进修等工作。

当前，现代大学制度建设的网络治理理念逐渐被人们认可。网络治理最早由美国学者斯蒂芬·戈德史密斯(Stephen Goldsmith)和威廉·埃格斯(William D. Eggers)提出，是指为适应复杂多变的组织内外环境，以一定契约为基础形成的持久和结构化的自治组织集合。② 网络治理的提出是社会治理理念随着时代发展不断完善的结果。与传统的治理理念不同，网络治理强调多元主体的参与和共同行动，是一种提升集体问题解决能力和促进政策发展的领航形式。高等学校制度完善本身也是一个多元主体参与的行动，并具有松散性和组织性特点。网络治理强调治理体系的多中心，重视组织的自我管理，强调自下而上的治理理念而非自上而下的管理方式；在治理体系中，组织内部和组织之间是一个“主体

---

① John H. Van de Graaff. Can Department Structures Replace a Chair System? Comparative Perspectives on University Organisation[J]. Compare, 1980(1):29－40.

② Jones C., Hesterly W. S., Borgatti S. P. A General Theory of Network Governance: Exchange Conditions and Social Mechanisms[J]. Academy of Management Review, 1997(4):911－945.

交互的网络";治理过程主要是在组织网络中,通过民主、平等和自由的协商和合作实现。[①] 网络治理理念对构建我国现代大学制度的影响已引起学者的高度关注。学者或从高等学校内外部组织设计的角度探讨网络治理的发展路径;[②]或立足于我国现代大学制度的建设,强调多元嵌入的网络治理模式,重视大学内外部网络中的多种利益主体在大学治理结构中的嵌入,构建持续互动、平等协商的信任与合作机制,从而实现大学的网络治理;[③]或结合网络治理理念讨论高等学校二级学院的定位、校院(系)关系、二级学院的治理结构,探索大学治理的路径;[④]或从大学理念和组织治理角度入手,探索政治、行政和学术相互联系的方式与相互作用的力量,从而揭示微观政治的大学表现。[⑤]

综观上述三种不同类型的大学组织体系框架以及当前我国在大学制度建设方面的探索,不难看出,教学组织形式是现代大学制度体系的基础与核心。不管大学的职能随着社会经济发展而发生怎样的改变,教学与知识传承作为大学最核心的使命始终应成为大学制度完善与改革关注的核心,大学教学改革也必将成为现代大学制度建设理论与实践关注的重要议题。

四、"互联网+高等教育"的巨大冲击

随着现代信息技术的发展,互联网技术对社会生活生产方式的方方面面产生了巨大影响,在世界高等教育范围内掀起了一场"哥白尼式的革命":慕课(MOOC)的兴起、开环大学计划(Open Loop University)、O2O(Online To Offline)式教学形式等对传统大学制度体系的运行提出了挑战。此外,互联网技术不仅改变了人们的生活方式,也改变了教师的教学方式和学生的学习方式,并逐渐影响我们的教育观念。[⑥] 教育部在2012年颁布的《教育信息化十年发展规划(2011—2020年)》中明确提出:"重点推进信息技术与高等教育的深度融合,促进教育内容、教学手段和方法现代化,创新人才培养、科研组织和社会服务模式,推动文化传承创新,促进高等教育质量全面提高。"如今,十年规划行将到期,互

---

① Sørensen E., Torfing J. Studying Local Network Exclusion through Observation and Diaries[M]// Peter Bogason, Mette Zolner. *Methods in Democratic Network Governance*. Palgrave Macmillan UK, 2007.

② 郎付山. 基于网络治理视角的高校内部控制建设[J]. 财会月刊, 2017(16):23-26.

③ 孟韬. 嵌入视角下的大学网络治理机制解析[J]. 教育研究, 2011(4):80-84.

④ 张德祥, 李洋帆. 二级学院治理:大学治理的重要课题[J]. 中国高教研究, 2017(3):6-11.

⑤ 周作宇. 微观政治:大学治理中的一个特殊场域[J]. 清华大学教育研究, 2017(2):14-25.

⑥ 陈雪强. 大数据:教学评价模式的信息化探寻[J]. 教育导刊, 2015(6):82-85.

联网技术的持续更新及其对人类社会文明进步的影响已远远超出了技术工具的范畴。"互联网＋高等教育"作为知识传播方式的革新与高等教育的深度融合，在观念、内容、手段、效果等方面给高等教育带来了革命性意义。

21世纪是信息时代，信息技术革命有三大基础硬件支撑了现代互联网的发展：一是通信技术。可以说，传递信息的一切活动都可以是通信。从这个意义上讲，通信不仅是人类起源的基本条件之一，而且是整个人类社会赖以生存的基本条件之一。人类的通信活动最初靠的是人体的发音器官、视觉器官和听觉器官。随着人类社会的发展，通信技术在通信活动中的作用越来越大，人们在通信活动中越来越依赖于通信技术。二是计算技术。计算技术的现代化始于20世纪40年代，电子计算机最初是为适应信息处理量的急剧增多而作为一种高速计算机器出现的，主要是以"数字处理"的形式处理各种信息、数字计算和逻辑运算相结合的自动化的信息处理机器。它能够自动、快速地进行大量的数字运算，能够求解复杂的微分方程，能够进行复杂的推理工作。如果说无线电和电视提升了人的视听能力，那么电子计算机则提升了人的思维能力，为信息处理带来了一次革命性转变，开辟了一个新时代。三是测量技术。人们获取信息，首先是通过观察和测量。这里的测量，是指用一些仪器和仪表从量的方面规定客观对象的过程。显然，测量是人们搜集信息的一种重要手段。例如，用天平称物体重量，用温度计测量物体温度，用血压计测量人体血压，都属于测量。测量技术的重要性在于人们通过测量仪器和仪表可以获取无法直接用人的感官获取的信息。例如，人们无法直接感受到X射线有波动性，但通过衍射实验能知道这一点。并且，利用X射线的波动性，通过测量，还可以知道物质的晶体结构。所以，各行各业都离不开测量仪器和仪表。

教学活动本质上是知识和信息传播的过程，伴随着教学活动的开展，一方面，信息在师生的相互作用中传递、再生；另一方面，教学作为一个系统，教学各个要素相互作用也产生一定的信息。通信技术、计算技术和测量技术构成了现代信息传播的基础，在教学活动中依然发挥着基础性的作用，这为我们从信息技术的本质思考教学活动提供了一个独特的视角。美国学者贝罗(David Berlo)基于社会学、心理学、人类科学等相关理论，在香农(C. E. Shannon)和韦弗(W. Weaver)提出的"信源—编码—信道—译码—信宿"传播模式的基础上，提出了SMCR信息传播模式："S"即信源(source)，是信息传播的起点，在教学活动中主要指教师和学生。影响信息传播过程的因素包括信源的传播技能、态度、知识、社会系统与文化。"M"即信息(message),是传播的内容。在一定程度上可以说,教学内容就是对人类知识的一种信息的重新编码、加工和计算。在信息维度影响传播过程与效果的因素主要包括信息本身所包含的内容、成分、处理、结构、符号编码方式。"C"即信道(channel),包括听觉通道、视觉通道、触觉通道、嗅觉通道、味觉通道。这里主要涉及的是教学手段和教学工具的采用。"R"即信宿(receiver),是信息的接收方。实际上,教学活动是师生的双向信息传播过程,两者互为信源和信宿。要实现"互联网+高等教育"的深度融合,不能停留在简单地将信息技术作为教学的辅助工具上,而应该在思维和观念上革新大学教学模式,促进教学方式变革,创新教学工具和教学内容,营造全新的教学环境。

"互联网+"为许多传统行业的升级转型提供了机遇,也为新时代大学教育理念和教学变革提供了契机。① 在信息化快速发展、信息资源极为丰富的互联网时代,学生的选择日益增多,传统大学课堂教学模式的吸引力也逐渐下降。"互联网+教学"的新型教学模式冲击着传统的教学方式,如何利用学生对网络的依赖心理,以及互联网本身的信息共享等特征,推进高等学校和教师转变传统教学理念与教学方式,以学生的兴趣和需求为中心,打造丰富多彩的精品在线开放课程,顺势而为进行改革是新时代大学需要思考的紧要问题。

---

① 杜洋. 浅析信息化背景下高校教学改革面临的机遇与挑战[J]. 中国教育学刊,2015(S1):131－132.

第二节　新时代大学教学改革的基本要义

改革开放伊始,从教育管理的高层到基层,从大学、学院到教师甚至学生,广大的利益相关者都主动或被动地开展教学改革,大学教学改革也成为我国高等教育领域最频繁、最广泛的议题之一。在建设高等教育强国的时代背景下,为了提高教学和人才培养质量,大学教学改革显得更为迫切。因此,对新时代大学教学改革的内涵、特征与功能等本体与价值的探讨,显得尤为重要。

一、大学教学改革的核心内涵

自现代大学诞生以来,不管大学的职能如何演变与发展,人才培养的根本职能从未改变,教育教学作为高等教育的基础从未动摇。2018 年 6 月 21 日,教育部组织召开了新时代第一次全国高等学校本科教育工作会议,提出坚持"以本为本",推进"四个回归",加快建设高水平本科教育,全面提高人才培养能力,造就堪当民族复兴大任的时代新人。会议要求,必须紧紧围绕和抓住培养德、智、体、美、劳全面发展的社会主义建设者和接班人这个高等教育发展的根本任务,加强教育教学业绩考核,在教师专业技术职务晋升中实行本科教学工作考评一票否决制,加大对教学业绩突出教师的奖励力度,在专业技术职务评聘、绩效考核和津贴分配中把教学质量和科研水平作为同等重要的依据。会议发布了"新时代高等教育 40 条征集意见",明确提出围绕激发学生学习兴趣和潜能深化教学改革,改革教学管理制度、推动课堂教学革命、加强学习过程管理、强化管理服务育人等一系列大学教学改革措施,吹响了高等教育教学改革的号角。

新时代,推动我国高等教育内涵式发展必须以创新人才培养为核心,关键是在"双一流"建设和高等教育大众化进程中处理好教育教学与学术研究之间的相互关系。纵观世界高等教育的发展历史,大学教学与科研的关系一直是学者们关注和讨论的焦点。20 世纪 80 年代,随着美国高等教育的快速发展,教授在一定程度上忽视了大学教学工作而更多地关注科学研究,美国民众表现出对高等教育质量下滑的担忧。为了解决这个问题，美国学者厄内斯特·博耶(Ernest L. Boyer)在卡内基教学促进基金会的支持下，对美国大学进行了深刻而广泛的调研，在此基础上写出了《学术反思——教授工作的重点领域》的报告。他指出了大学教学对高等教育和美国经济社会发展的重要意义，并从大学教学与科学研究的相互关系角度，深入而准确地阐述了大学教学问题。报告认为，大学是知识和智力的源泉，大学对学术的探究是学术生命的心脏，但学术不能仅仅局限于探究。博耶重新界定了学术的内涵，并拓宽了学术的范围："学术意味着通过研究来发现新的知识，学术还意味着通过课程的发展来综合知识，也有一种应用知识的学术，即发现一定的方法去把知识和当代的问题联系起来，还有一种通过咨询或教学来传授知识的学术。"①据此，他明确提出了四种既相互联系又有区别的学术——探究的学术、整合的学术、应用的学术、教学的学术。他十分重视教学，认为教学支撑着学术，没有教学的支撑，学术的发展将难以为继。在他看来，教学的学术性意味着教师不仅传授知识，而且也创生和扩展知识；教师的教学既在培养学生，又在造就学者。在教师的教学中，这四个方面的学术工作不是彼此孤立、互相排斥的，而是相互交叠、相互依存、相互促进的，处于同等重要的位置。他还认为，教学学术(scholarship of teaching)包括有效地呈现学科知识，根据一定目的把不同领域的知识有条理地组织起来，使学科对学生来说更易接受、更好掌握，等等。教学学术的表征者是教师创造的产品，这种产品体现着教师教学的有效性。

博耶关于教学学术的思想不仅是对传统大学学术研究观念的革新，同时也指出了大学教学的本质，为我国大学教学改革提供了思想的引领。亦即，大学教学改革的基本要义是人才培养，推动大学教学改革深化的本质是处理好大学教学与学术的关系，而处理两者关系的关键在于学科。学科是现代大学的立学之本，建设一流大学首先要发展一流的学科。学科是大学的细胞，是大学发展的核心领域。学科不仅是科学研究的平台，也是教学的平台；不仅是学者队伍建设的平台，还是服务社会的平台。我国"双一流"建设方案也以学科为依托来建设一流师资队伍，培养拔尖创新人才，提升研究水平，传承创新文化，着力推进成果转化。将教学和研究放在同样重要的地位，使教师在教学中更加注重研究，提高教学的理论水平和实践能力，体现教学的学术性。同时，教学学术成为一种提高和

① Boyer E. L. Scholarship Reconsidered: Priorities of the Professoriate[J]. Academe, 1990(1):151.

支持教师对自己教学实践的学术，增强了教师作为教育者提高学生学习质量的内部动力和要求。①

二、大学教学改革的主要特征

大学教学实质上是一种按学科和专业进行的分科教学，与中小学教学不同。因而，大学教学改革要更加凸显大学教学的学术性、民主性、自主性和卓越性特征，其中学术性是大学教学改革的核心特征。

（一）学术性

大学教学在不同阶段侧重点有所不同。本科教育更多的是一种通识教育，强调通识教育与专业教育相结合，强调学生对学科基本理论、基础知识和基本技能的掌握；研究生教育则更多的是一种专门教育，要求学生在学科上有所研究和创新，要有独立的学科研究能力。学科不仅仅是知识的分门别类，同时也给人类提供了认识世界的方式、框架和界限，是人们认识世界的“有色眼镜”。如果本科教育主要是认识这个工具，那么研究生教育就是在戴上这副“有色眼镜”认识这个世界，包括认识学科本身。在英国著名学者麦克·扬（Michael Young）看来，学科规定着这个世界不同的独立方面的界限，并经过了时间的检验，不仅提供了分析世界和对世界提问的基础，而且提供了学生作为学习者的一系列自我认同的社会基础。他在观察与参与英国教学改革的基础上提出了“强有力的知识”的概念，认为大学生对知识的学习应该尤其重视学术性特征，并提出了知识的三个学术性标准：第一，理论性，与日常生活中获得的常识不同；第二，体系化，由一系列系统的、相互关联的概念构成学科；第三，专门化，由明显有区别的学科或科目的科学共同体定义清晰的探究焦点，并划定相对固定的探究边界，拥有稳定的研究范式。② 基于此，大学教学改革要体现学术性特征，就要在大学课程教学中，在学生掌握学科基本概念、基本原理、基本方法的基础上，向学生介绍和展示本课程所在学科的发展趋势和前沿；向学生介绍和点评相关领域的不同理论流派和不同学术观点，并表明教师对这些观点和流派的独特看法；向学生介绍自己的最新学术研究成果等。

---

① 韩建华.教学学术观念及其对大学教师专业发展的启示[J].江西社会科学，2009(8)：236－239.

② M. Young, D. Lambert, C. Roberts, M. Rokeits. *Knowledge and the Future School: Curriculum and Social Justice* [M]. London: Bloomsbury, 2014.

（二）民主性

学术民主和学术自由是大学教育的基本追求，学术民主和学术自由密不可分。新时代大学在追求学术自由的同时，要严格学术规范，要区分一般学术问题和严肃的政治问题，要做到研究有规范、言论守规则、讲授有纪律。大学教学的民主性一方面体现为教师和学生之间是平等的，两者处于一个学术共同体中，通过教学与学习完成知识的传承与创造。教师在教学过程中要注意调动学生的学习积极性和主动性，培养学生发现问题、研究问题、解决问题的能力与素养，尊重、包容不同的观点和意见。师生间要建立和谐、民主和平等的关系，要有更多交流和互动。教师要鼓励学生质疑，就不同观点展开辩论。另一方面，教学的民主性体现为教师要有一定的教学自主权，培养学生探查、研究、探讨、记录、生产、创造、讲演以及写作等能力；学生也要有根据自己的学习兴趣自主选择课程的权利，大学要根据人才培养目标提供可供学生选择的选修课程体系，制订富有弹性的人才培养方案、具体的教学计划和课程大纲，在选课前提供给学生，帮助学生了解课程，制订个性化的学习计划。

（三）自主性

自主学习以学生作为学习的主体，通过学生独立分析、探索、实践、质疑、创造等方法来实现学习目标。大学生的学习更多应该是在教师指导下的自我求知过程，通过课程学习，锻炼自主学习、搜集信息和进行学科探究的能力。通过自主性教与学，最终达到“教是为了不教”的目的。这就要求教师在教学中改革教学方法，开展案例式、参与式、研讨式教学，注重引导学生合作探究，鼓励学生发现问题、分析问题和解决问题；课程作业要有利于学生的自主学习，能够引导学生消化和拓展所学知识，培养学生的批判性思维、独立思考问题的能力和治学精神，提高学生对问题的敏感性、解决问题和研究问题的能力。

（四）卓越性

大学教学的卓越性主要是指在民主、平等、自由、开放的文化氛围中，教师和学生结为学习共同体，经过教师有深度和广度的教学，促使学生养成高尚的品性、批判性思维、创新精神、突出的实践能力和开阔的科学研究视野。严格来说，大学教学的卓越性既是一种理念，也是一种教学文化，它囊括了崇高性、自由性、超越性、学术性等特性。“所谓大学者，非谓有大楼之谓也，有大师之谓也。”大学教学应该是大师的教学、学术的传承、培养国家高级专门人才的活动，应体现卓越性和崇高性。大学教学一定要有别于基础教育的教学，追求卓越性应有特色，更要出色。

三、大学教学改革的关键功能

大学教学改革实质上就是围绕全面提高人才质量这个根本任务，逐步建立起适应新时代要求、符合大学生成长规律的大学教学制度，处理好各方面的关系，如学校与学院间、各职能部门间、学院与教师间等的关系。推动大学教学改革的关键在于二级教学单位（学院），课程教学改革的关键在于教师。大学教学改革要建立学校、学院、教师三级联动机制，充分调动各类人员的积极性，不断推进大学教学“回归常识、回归本分、回归初心、回归梦想”，激励学生刻苦学习，改变“玩命的中学、快乐的大学”的现状，引导教师潜心教书育人，努力培养德、智、体、美、劳全面发展的社会主义建设者和接班人。传统大学教学改革主要聚焦在专业教育与人文教育、培养模式、教学内容、教学手段等一系列教学基本要素上，忽视教学改革外部各利益主体的相互关系，一定程度上使得大学教学改革存在形式僵化、行政化等一系列问题。因而，探究大学教学改革的功能，对激发主体的改革动力、充分调动学院和教师参与教学改革具有极大的现实意义。

（一）创新大学人才培养体制

大学教学改革的核心和目的是不断提高人才质量和办学效益，人才培养体制的创新是大学教学改革的出发点和落脚点，而人才培养体制创新的关键在于教学改革。不同的社会对人才培养的规格和要求是不一样的，要实现高等教育满足社会经济对人才培养的时代要求，就要推动大学教学改革的常态化。《国家中长期教育改革和发展规划纲要（2010—2020 年）》中，在人才培养体制改革方面要求更新人才培养观念、创新人才培养模式、改革教育质量评价和人才评价制度。这些都离不开大学教学改革的支撑，要求我们的大学在教育观念、培养目标、毕业要求、课程设置、教学目标、教学过程、教学方法、教学手段、教学组织形式、教学管理和学业评价等方面实现不断的改革和创新。

（二）提升大学科学研究水平

前文已经指出，大学教学改革的关键在于处理好教学和科研的关系。可以说，没有高水平的科研就不可能有一流的教学水平，没有高质量的大学教学水平就不可能产出优质的科研后备力量，大学教学与科研是互为手段和目的的。从世界高等教育大众化历程来看，教学与科研的关系是困扰世界高等教育发展的一个共同的难题，大学教师重科研而轻教学的现象在一定程度上可以说是世界高等教育范围内普遍存在的问题，根源于功利主义将教学与科研的对立，忽视了教学在大学学术发展中的基础性、滞后性[①]的作用，目前的学校排名、职称评定、绩效考核等评价方式起到了推波助澜的作用。我国学者自 20 世纪 90 年代以来普遍关注这个问题，但多是从外部制度设计角度探索两者的融合，本质上依然是将学术与教学割裂开来。美国学者舒尔曼(L. Shulman)针对美国中小学教师将学科知识和教学法相互排斥的现状，提出了"学科教学知识"(PCK，pedagogical content knowledge)的概念，探讨教师如何将特定的学科知识与教学法融合，实现学科知识的传递。他认为，教学就是"用学科知识与教学法知识的综合去理解特定主题的教学是如何组织、呈现以适应学生不同兴趣和能力的"[②]。在"学科教学知识"的概念中，舒尔曼将中小学教师与学科专家进行了区分。1997 年，舒尔曼在接任卡内基教学促进基金会主席后，对博耶所提出的"教学学术"概念做了进一步的分析和阐释。他认为，学术的发展离不开知识创造、同行评价和持续积累这三个环节。他还认为，大学教学本质上也是一种学术传播的重要路径，大学教学与其他学科一样需要发展成为成熟、规范的专业领域，如此才可能创生出"坚实的教学理论"(pedagogy of substance)，实现教学的持续进步。[③] "教学学术"概念从教学和学术的内在关系角度将两者统一起来，不仅是对大学教学观念的更新，同时也要求大学教师将个人和团队的科学研究成果转化为教学内容，以推动学生参与科学研究过程，保证科研力量的不断更新，在一定程度上促进大学和教师的科学研究的可持续发展和研究水平的不断提升。

(三)促进大学教师专业发展

教学改革具有促进教师专业发展的功能不言而喻。人们常从人才培养质量

---

① 注：这里的滞后性主要是指教育在人才培养上具有滞后性的特征。大学教学对科研的推动主要表现在对人才的培养上，其效果不会立刻彰显，具有一定的滞后性。

② L. S. Shulman. Knowledge and Teaching：Foundations of the New Reform[J]. Harvard Eudcational Review，1987(1)：1－22.

③ 谢阳斌，桑新民. 如何在"双一流"建设中促进科研与教学协同发展——国际教学学术运动的深层反思与战略谋划[J]. 教育发展研究，2018(7)：8－15.

的提升和高等教育发展等中观和宏观层面探讨大学教学改革的功能，却忽视了大学教学改革对主要的参与者——教师所具有的功能和意义。不少大学教学改革以科研项目和行政任务的形式推进，教师在教学改革中更多地关注直接利益，如学术资源、行政资源和经费的获得，而忽视其对自身专业发展的作用。此外，当前我国大学教师专业发展处于一种尴尬的境地：一方面，大学教师的专业发展在科研和教学的摇摆中逐渐走向迷失；另一方面，教研室作为大学教师专业发展的重要平台，由于其行政化、僵化的教研活动受到质疑，在学科（系）组、研究所、实验室（基地）等大学基层组织中的影响逐渐式微。2018 年，中共中央、国务院颁发的《关于全面深化新时代教师队伍建设改革的意见》中明确指出："搭建校级教师发展平台，组织研修活动，开展教学研究与指导，推进教学改革与创新。"在新的时代背景下，处理好大学教学与科研的相互关系，通过教师在教学过程中变革教学理念、改革教学内容、创新教学方式方法，提升教师教学能力，实现教师自身专业发展。

（四）提升大学课堂教学质量

课堂教学是大学教育的基本组织形式，课堂教学质量直接决定了人才培养质量，并在很大程度上关系到人民群众对更加公平、更高质量的高等教育需求的美好愿望。我国高等教育正由规模发展向内涵发展转变，大学教学质量与国家和社会的期待、人民的愿望、学生的需求依然具有一定的差距，尤其是许多大学依然存在教学理念落后、教学内容陈旧、教学方法老化、课堂缺乏活力、师生交往缺乏生命力等问题，新时代加强大学教学改革势在必行。推进一流大学建设，建设高等教育强国，必须以教学改革为抓手，以提高教育质量为核心，回归大学教师教书育人的本分和大学人才培养的初心。

第三节　新时代大学教学改革的理论基础

教学理论的发展与哲学、心理学、社会学等学科的进展紧密联系，哲学、心理学、社会学以及其他学科领域的每一次变化都会推动教学理论的变革与发展，新时代大学教学改革也必将获得哲学、心理学和社会学等学科理论的支持和配合。为了保障大学教学改革有效进行，结合大学教学的内涵特征，我们从哲学领域中的马克思主义实践哲学和实用主义、心理学领域中的建构主义和人本主义四个方面探讨新时代大学教学改革的理论基础。

一、马克思主义实践哲学

有关实践的哲学思考，在西方哲学史上可谓源远流长，最早可追溯到亚里士多德，他不仅将哲学"从天上拉入人间"，同时将道德实践扩展到政治实践领域。实践和物质是马克思主义哲学中两个同样重要的核心范畴，马克思主义实践哲学一开始并没有受到人们重视。改革开放以来，随着我国社会经济的不断发展，中国特色社会主义实践取得了巨大的成就，人们逐渐认识到实践问题对于理解马克思主义哲学的重要性。马克思主义实践哲学和马克思主义哲学的实践性等一系列问题成为探讨马克思主义哲学的重要范畴。实践，在哲学上是一个重要的概念范畴，几乎是所有哲学流派都要探讨的一个基本问题。同时，实践也是日常生活中人们的常用词汇，不同的哲学家和不同的哲学流派对实践的解释并不相同。马克思主义哲学中的实践，强调人在改造活动中的主体性和能动性。马克思主义哲学重视从实践的角度理解人的本质以及人与自然、人与社会之间的关系。马克思认为，人类的社会生活是实践的，实践是人的本质。实践是认识的来源，也是认识发展的动力，更是检验认识正确与否的唯一标准。

马克思主义哲学的实践性不仅在于马克思主义哲学对现实实践的关照，同时也体现为马克思主义哲学中蕴涵着深刻的实践思维。马克思曾说："哲学家首先用不同的方式来解释世界，而问题的关键在于改变世界。”[①]在马克思之前，哲学研究和思考多体现“解释世界”的思维，而马克思主义哲学的思维方式不仅包含着对“解释世界”的关注，同时更加注重“改变世界”的现实实践活动。[②]马克思主义实践哲学首先是科学地“解释世界”，然后在充分理解和把握现实的基础上开展实践活动。马克思以前的哲学家对世界的解释总是带有先验或者超验的色彩，他们不了解也不关心理论和实践的辩证关系。尽管黑格尔对理论和实践的相互关系进行了较为系统的论述，但他认为实践不过是理论外化的形式，“思想、观念、想法一直是产生、规定和支配现实世界的”。马克思从现实生活中的实践出发，对黑格尔哲学进行了“实践性批判”，将黑格尔关于理论与实践的相互关系“倒过来”。他认为思想是现实生活的反映，观念的变化反映现实世界变化的结果，从而指出实践是理论的来源，也是检验理论的标准。可以说，马克思的实践思维方式是对黑格尔的思辨思维方式的革命。马克思主义实践思维方式的确立是对传统哲学思辨的思维方式的超越与扬弃，但马克思主义实践哲学并没有完全否定思辨是哲学思维方式，而是将哲学“从人间打入社会生活实践”，使哲学重新回归到它的现实基础，把研究现实社会及其实践问题作为认识的基本立足点。

大学教学改革是一个具体的、特定的实践问题，从马克思主义实践哲学理解和审视新时代大学教学改革实践，无疑是紧迫和必要的。任何改革都有其社会历史背景，我们要在充分把握新时代大学教学改革的现实背景基础上，构建当前大学教学改革活动实践主体及其影响因素之间的相互关系，建立对改革活动系统、科学的“前认识”，以马克思主义实践哲学为指导，在改革进程中充分关注实践现实，发挥主体的主观能动性，不断调适改革主体与客体之间的相互关系，不断摸索和形成具有中国特色的高等教育教学改革路径和经验。

二、建构主义

建构主义是自 20 世纪 90 年代以来中国教育改革理论界与实践界最为活跃的一个重要理论流派，许多研究和实践都被冠以建构主义。建构主义是一种关于知识和学习的理论，强调学习者的主动性，认为学生不是空着脑袋进入教室

---

① 中共中央马克思恩格斯列宁斯大林著作编译局. 马克思恩格斯选集（第一卷）[M]. 北京：人民出版社，1995:57.

② 焦玉玲，姜建成. 对马克思主义实践哲学的多维阐释与理解——在对立中整合与超越[J]. 求索，2012(9)：124—126.

的。伴随着信息革命的持续发展,理性主义和科学主义因过于强调知识的确定性和客观性而受到各个领域的广泛批评。建构主义是行为主义心理学发展到认知主义心理学后的进一步发展,被誉为当代学习心理学中的一场革命。建构主义的理论根源可以回溯至康德对理性主义与经验主义的综合。康德认为,主体只能通过利用内部建构方式和认知原则(范畴)去组织经验,从而实现个体理性发展。他相信,人们所知道的只能是自己的经验,世界的本来面目是无法知道的,也没有必要去推测它。进入20世纪50年代以后,非理性主义再次受到人们的关注。美国科学哲学家库恩(T. S. Kuhn)强调共同体的信念在科学革命进程中的基础作用,主张科学的增长是非理性的。他认为,科学只是解释世界的一种范式,知识是个人的理解。基于对过于强调理性知识的客观性的批判,以及反思行为主义与信息加工理论的前提,学者们对学习的本质进行了全面的创新。尤其是在工业社会经由信息社会向学习型社会转变时,强调知识的建构性、社会性、情境性、复杂性和默会性等一系列特性受到了人们越来越多关注,相应地,建构主义重视学习的建构本质、社会协商本质和参与本质越来越被人们接受和认同,广泛地影响了21世纪我国教育教学改革进程。一直到今天,建构主义学习理论依然处于不断发展过程中,对当前我国大学教学改革同样具有巨大的指导价值。

建构主义基于对"知识是客观的还是建构的,是个人的还是社会的"这两个问题的回答提出了建构主义认识论及其知识观,对理性主义和客观主义进行了猛烈的批判,提出了知识的建构性和社会性两个重要的本质。一是知识的建构性。客观与建构是学者们讨论知识的一个重要维度。建构主义立足于"新认识论"对客观主义认识论进行了深刻的反思,认为知识是由认知主体建构的,并非客观存在的。就像存在于人们日常生活中的"显然谬论"一样,美国心理学家丹尼尔·西蒙斯(Daniel Simons)与克里斯托弗·查布利斯(Christopher Chabris)于1999年进行的"看不见的大猩猩"实验,探索为什么人类无视那些显然的事物。实验表明,人类在面临海量信息时,只能专注于那些能解答问题的证据,只有有意义的、有用的东西会被收入眼底。这并不是说人类是盲目与具有偏见的,而是说明人类具有通过确定问题、形成预期、提出假设、构建理论以理解环境的卓越天资。[①] 这一点,爱因斯坦在1926年已经说得很清楚了:"观察依赖于理

---

① Felin T., Koenderink J., Krueger J. I. Rationality, Perception, and the All-seeing Eye[J]. Psychonomic Bulletin & Review, 2016(4):1—20.

论。理论的预设决定了你是否能观察到某种现象。”也就是说，存在于人类大脑中的前提假设决定了观察和知识的意义，而这种前提假设受个体利益、立场、需要、趣味、眼界、胸襟等一系列因素的影响，知识的建构性重视人的主体能动性。二是知识的社会性。个人与社会是学者们探索知识的另一个十分重要的维度。前者认为知识是居于个体内部的，而后者认为知识是内含于共同体中的。在知识的这一维度，建构主义基于个人与社会之间的互动、中介、转化的张力形成一种完整的、发展的知识观。建构主义强调知识的社会性，认为共同体不仅是个人知识的重要源泉，而且对个体的认知具有规范作用，进而提出知识的社会协商的观点，倡导学习共同体在教学过程中的重要性。

大学要培养创新人才，促进个体发展，就要在教学过程中充分发挥学生的主观能动性，重视教学本身所具有的自由性和民主性。大学教学活动应有助于学生对知识和意义的主动建构，促进学生参与和关注实践，注重师生之间的对话、交流和互动。在这个层面上，建构主义所倡导的认识论和知识观与大学教学改革的价值取向具有高度的一致性，这也符合现代大学教学注重培养学生独立思考能力和开拓创新能力的时代诉求。

三、人本主义

人本主义严格意义上并不是一个系统的哲学流派，主要体现的是一种强调以人为本、重视人文精神、批判科学主义的哲学思潮。甚至有西方学者将现代哲学划分为科学主义和人本主义两大思潮。纵观现代以来西方哲学的发展，基本上是建立在对心、物二分的基础主义、本质主义的批判之上的，要求超越唯物主义和唯心主义、经验论和唯理论的划分。由于这些流派多是以科学或者以人本身的存在为探讨的出发点的，因而，学界将重视科学的流派称之为科学主义，把强调人本身存在的流派称之为人本主义。① 这并不是说科学主义不重视人，人本主义不重视科学，两者的划分主要是基于基本的出发点和研究思维范式的不同。科学主义也谈论人的问题，只是大多用科学理性的观点和方式解释人；人本主义将人作为哲学的出发点和归宿，激烈批判科学理性对人的“异化”，要求揭示人的生命、本能、情感、意志等非理性或者超理性存在的意义。从这一点上可以说，存在主义是人本主义思潮中影响最大的哲学流派，在人的本质问题上也是秉

① 刘放桐.“人本主义”和“人本主义哲学思潮”随想录[J].学术月刊，1999(10):32-41.

持非理性且较为激进的哲学流派。实际上,对人本主义和科学主义的划分并不是绝对的,并没有一个严格和明确的标准。以实用主义为例,从实用主义倡导的科学精神强调哲学应成为科学方法论这个意义上说,有人将其划归为科学主义;而实用主义重视人在哲学中的核心地位以及人类面对的世界是人化的世界,从这个意义上说,实用主义又可以归为人本主义。

今天教育界所谈的人本主义,主要是指由马斯洛(A. H. Maslow)和罗杰斯(C. R. Rogers)所创立的人本主义心理学。人本主义心理学强调人的尊严、价值、创造力和自我实现,其核心思想是重视心理与人的本质的一致性,主张必须从人的本性出发研究心理学问题。马斯洛在其需要层次理论中,将人的需要从低到高分为五个层次:生理需要、安全需要、社交需要、尊重需要和自我实现需要。其中,自我实现的需要是最高层次的需要,是指发挥个体最大潜能以实现个人理想和抱负的需要。马斯洛把人本性的自我实现归结为潜能的发挥,潜能则是一种类似本能的性质。自我实现的需要是人发展和成长的根本动力,正是由于自我实现的需要,人的潜能得以实现、保持和增强,而人格的形成就是源于人性的这种自我压力。与马斯洛关注人的自我需要不同,罗杰斯直接将"自我"作为人本主义心理学研究的重要概念,并从现象学角度去界定它,提出了"现象场"的概念。现象场是个体的内心世界或经验世界,既包括个体能意识到的经验,也包括个体不能意识到的经验,而决定人的正常和健康行为的则是那些意识到或可能意识到的经验。在个体的发展过程中,人与环境不断产生交互作用,并将自我与环境区分开来,个人由此开始知觉到整个经验结构中包含着自我的这部分经验。因而,自我就是整个现象场中与我们自身联系着的那部分。"自我是对允许进入意识的那部分经验的一种系统的建构。它由一系列要素组成,如对个人特征和能力的知觉,对处于与他人和环境关系之中的自我的知觉和概念等。"实际上,罗杰斯对自我的理解重视对关系的把握,包含了一个人对自己的整体理解以及对自己与外部世界相互关系的理解,强调自我意识的完整性。此外,罗杰斯在心理学上所创立的"以患者为中心"的非指导性心理咨询疗法,不仅深刻影响了心理咨询的理论和实践,并应用到教育领域,对我国教育教学改革产生了巨大的影响。

人本主义对人的关注和重视是新时代大学教学改革必须关注的问题。坚持以学生为中心,并不是简单地将"学习完全还给学生",而是从学生的发展和需要去理解学生、关注学生发展。周国平在中国教育三十人论坛上曾指出:"现在许多人在谈教育的理念、大学的理念，在我看来，这个理念就是人文精神。人文精神是教育的灵魂，它决定了教育的使命、目标和标准，没有人文精神，教育就没有灵魂，就是徒有其表的教育。当今教育的种种问题，归结为一点，实际上就是人文精神的失落。我理解的人文精神，简单地说，就是'以人为本'。也就是说，要把人放在最重要的位置上，要尊重人的价值。"

四、实用主义

实用主义是由三位美国哲学家查尔斯·桑德斯·皮尔斯(Charles Sanders Peirce)、威廉·詹姆士(William James)和约翰·杜威(John Dewey)开创的一个哲学传统，被称为美国历史上第一个具有完整的独立形态，并且体现美国特色的思想体系。其突出的特点是注重经验，强调实际行动，重视从历史和文化的角度反对形式化、抽象化。最早提出实用主义思想的是皮尔斯，他追求"如何使我们的思想变得明白"的方式，将人类看作一个自适应的有机体。"为了在世界中满足生存需要进化出一个信念－怀疑系统。"在皮尔斯看来，解决怀疑和寻求信念是人类的本质。他说："一个观念的意义完全在于那观念在人生行为上所发生的效果。凡试验不出什么效果来的东西，必定不能影响人生的行为。"皮尔斯的实用主义思想重视行为与经验之间的联系，而意义正是这种联系的全部含义。皮尔斯之后，詹姆士对实用主义在美国的传播和发展起了巨大的推动作用。他对皮尔斯的思想进行了修正，认为"当个体有意识地生活在世界中时，意义与知识是与人们对世界的直接经验联系在一起的"。詹姆士特别注重"效果"。他认为，实用主义的方法就是从注意先发生的地方转向注意最后发生的事情，从注重范畴转向注重效果。因而，人们对事物意义的了解，只有通过对它的感受。在真理观上，詹姆士将实用主义的思想发挥到了极致，认为所谓真理，就是与实在的符合。要断定一种思想是真理还是僭说，关键是要通过人的活动所导致的经验来证明它。

皮尔斯和詹姆士的思想对杜威产生了极大的影响，杜威在继承他们思想的同时将实用主义推向鼎盛，成为美国实用主义思想的集大成者。杜威相信，只有通过经验和有目的的行为，人类对世界的理解才可能被习得、应用和改变，并且丰富起来。人类文化就是经验的调整、发展和改变。在杜威看来，科学探究和它对人类经验的系统化是人类进化的最大成果。杜威在对知识的态度上同样充满了"实用"的味道。他说，单单接受已经知道的东西或指出已经知道的东西并不算是知识,就像从工具箱中取出锯子不算是制造工具一样。他强调获得知识的过程。杜威的实用主义还深刻地体现在他的思维上。杜威高度关注理论与实际的联系,他总是将现实问题上升为人们感同身受的经验,进而基于对经验的论述去寻找隐含在经验中最为朴实和浅显的"知识"。这一点,在滕大春为《民主主义与教育》所作的序中也提到了。在序中,滕大春比较了柏拉图的《理想国》、卢梭的《爱弥儿》以及杜威的《民主主义与教育》三位教育史上里程碑式人物的著作。滕大春认为,理想国是奴隶主阶级的教育蓝图;而杜威呼吁民主的教育,借以实现民有、民享、民治的资产阶级社会;卢梭的《爱弥儿》在法国启蒙时代是震撼人心的,但是卢梭是一个缺乏教育实践的理论家,所以《爱弥儿》是一本"小说"。杜威不但强于教育理论,而且富有教育经验。在教育史中,既能提出新颖的教育哲学,又能亲见其实施获得成功者,杜威是第一人。

"有用即真理""有用即有价值"是对杜威实用主义哲学的经典表述。传统哲学由本体论、认识论、价值论三部分组成,分别回答"是什么""为什么""有什么用"三个问题。杜威认为"是什么"的问题,应由科学而不是哲学来解决。"为什么"和"有什么用"是一个问题的两个方面。人们往往从自己的立场出发认识事物,认识事物的目的是为我所用。因而,实用主义哲学否定规律的客观性,只相信人的经验,人的经验就是真理的尺度。有用的就是真理,没用的便是谬误。以事物的多样性来抹杀事物的共同性,以事物的多变性来抹杀事物的永恒性,以事物的价值形态取代事物的实体形态。杜威认为哲学的意义在于解决实际的生活问题,而当时人们所面临的最大问题便是教育问题。因而,他把哲学和教育等同起来,既然哲学是价值哲学,那么他的教育哲学也就是教育价值哲学了。其教育哲学是为解决教育问题提供理论的。此外,杜威教育思想中有两个非常重要的内容——科学知识的获得与民主思想的实现,通过作为生活方式的民主将两者联结起来。科学知识是人类获得理智的手段,当然也是目的,个人理智则是个体参与民主生活的关键和基础。杜威承认不同阶级、不同利益团体的存在,同时反对不同阶级对人与人、团体与团体之间沟通所设置的壁垒。杜威并不试图消除阶级差别,他希冀通过构建民主的教育实现不同阶级的相互沟通和流动,以及不同利益集团自由而平等的交流。

第二章　新时代大学的定位依据与教学改革

党的十九大胜利召开，宣示着中国特色社会主义进入了新时代，进入了全面建设社会主义现代化强国的时代。新时代的一系列强国战略，如制造强国、科技强国、质量强国、文化强国、教育强国、体育强国和人才强国等，都需要新时代的高等教育发挥其基础性和先导性支撑作用。在此背景下，“加快一流大学和一流学科建设，实现高等教育内涵式发展”的指令，就为新时代高等教育的跨越式发展吹响了冲锋的号角。新时代是我国高等教育质量提升的关键期、变轨超车的机遇期和改革创新的攻坚期。新时代大学在高等教育的跨越式发展中肩负着更加光荣的使命和更加神圣的责任，需要在逐梦新时代和矢志创一流的伟大征程中砥砺奋进、开拓创新。培养堪当民族复兴大任的时代新人是新时代大学的核心任务，深化教育教学改革是新时代大学提高人才培养质量的关键举措，精准谋划办学定位是新时代大学教育教学改革的内生动力。

新时代大学在推进教育教学改革过程中，首先必须具有明确的办学定位，“办学定位不同，教学改革的抓手也各不相同”①，科学、准确、明晰的办学定位决定了教学改革所要达成的总体目标和所要实施的具体形式。确立新时代大学办学定位的依据是什么？新时代大学要求其教学改革实现哪些目标？这些目标的达成又要求新时代大学的教学改革必须遵循哪些原则？这些都是新时代大学在推进教育教学改革过程中亟待解决的理论问题和实践难题。

① 黄达人，王旭初．重视高校办学定位，克服“五唯”痼疾[N]．中国教育报，2018-12-27．

第一节　新时代大学办学定位确立的依据

大学的办学定位实际上就是要回答“办成一所什么样的大学”的问题，其内涵包括办学类型、办学层次和服务面向等诸多基本问题，是一所大学发展的顶层设计。高等教育发展进入新时代，也就意味着大学的发展面临新要求、新挑战和新机遇，新时代中国大学的建设需要有更加明确的定位依据和更加明晰的发展方向。伴随着中国特色社会主义进入新时代，大学应牢牢抓住历史机遇，坚持内涵式发展，锐意推动教育教学改革，不断提高人才培养质量，早日建成中国特色世界一流大学，为新时代中国特色社会主义事业做出新贡献。新时代对中国大学所提出的发展要求，就是要从立足国内舞台走向站稳世界舞台、从开展国内竞争走向参与国际竞争。因此，新时代大学需要深入系统学习和全面贯彻落实党的十九大和全国教育大会对高等教育所提出的新要求，需要坚定正确的办学方向和明晰准确的办学定位。新时代中国大学要在构建人类命运共同体的伟大实践中，坚守中国特色社会主义大学的主体性，在立足中国现实的基础上不断提炼现实，在弘扬中华优秀传统文化的基础上不断突破传统，在借鉴国外经验的基础上不断超越国外，为世界高等教育事业的发展贡献中国气派、中国智慧和中国方案。新时代中国大学办学定位的确立，必须以习近平新时代中国特色社会主义思想为根本依据，必须以培养堪当民族复兴大任时代新人的伟大使命为核心依据，必须以坚持从学校发展实际出发为现实依据。

一、新时代大学办学定位确立的根本依据

习近平新时代中国特色社会主义思想是新时代大学办学定位确立的根本依据。习近平同志在全国高校思想政治工作会议上曾指出：“办好我们的高校，必须坚持以马克思主义为指导，全面贯彻党的教育方针。”习近平同志所强调的高校必须坚持以马克思主义为指导和全面贯彻党的教育方针，是对新时代高等教育办学方向与内在灵魂的规定，是新时代大学不可须臾偏离之准绳。因此，确立

新时代大学的办学定位，必须牢牢把握这种方向和灵魂的规定性内容，必须时刻紧握新时代指导思想的有力武器。中国高等教育的发展必须坚持与新时代的要求同向同行，必须坚持与党在新时代的指导思想同心同愿，必须以习近平新时代中国特色社会主义思想作为确立新时代大学办学定位的根本依据。新时代大学办学定位确立的根本依据的指导价值具体体现在以下三个方面。

（一）扎根中国大地，提升“四个服务”是新时代大学办学定位确立的独特价值依据

习近平同志在同北京大学师生座谈时非常明确地指出：“办好中国的世界一流大学，必须有中国特色。没有特色，跟在他人后面亦步亦趋，依样画葫芦，是不可能办成功的。”办出具有中国特色的世界一流大学，是新时代对高等教育提出的具体目标，也是新时代大学办学定位必须回答的首要问题。那么，新时代大学如何才能实现这一历史性目标呢？习近平新时代中国特色社会主义思想指出的发展路径就是要扎根中国大地办新时代的中国大学。综观世界一流名校，无不具有鲜明的地域特色、文化烙印和历史渊源，这些世界名校之所以能走向国际一流之列，一个重要原因就是它们承载了人类文明的一个重要发展支流，代表了其所扎根地域和民族的最高学术水平。这些世界一流大学给我们新时代大学的发展启示就是，必须将办学之根深深扎进中国大地的文化沃土之中，充分吸取时代的养分、历史的养分；也必须将办学之魂深深依附于中国大地的时代精神之内，充分吸收时代发展指导思想的精华要义，并将此内化为自身的办学气质。新时代的中国大学，只有深深扎根于中国的社会土壤，才能在未来的道路上茁壮成长，才有可能在世界高等教育丛林中彰显特色、争创一流。

办出具有中国特色的世界一流大学，还必须深刻领会和把握高等教育“四个服务”的发展理念。新时代大学扎根于中国大地办学，必须有具体可行的路径和方案，“四个服务”的理念就是其如何扎根的具体体现。党的十九大对新时代我国社会的主要矛盾做出了深刻而重大的判断，人民日益增长的美好生活需要和不平衡不充分的发展之间的矛盾成为新时代的主要矛盾。新时代中国大学，必须紧扣这个时代主题确立办学定位，必须深刻认识时代主要矛盾的转化，坚持以人民为中心发展教育，牢牢把握时代赋予自身的光荣使命和神圣职责。新时代大学要与国家同向同行，在发展方向上同国家发展的现实目标和未来方向紧密联系在一起，必须适应国家和社会发生的时代变化，自觉践行“四个服务”理念，

切实做到大学的发展是为人民服务，是为中国共产党治国理政服务，是为巩固和发展中国特色社会主义制度服务，是为改革开放和社会主义现代化建设服务，在实现人的全面发展和社会的全面进步中做出新的贡献。新时代大学作为国家创新驱动发展战略和智慧社会建设的重要支撑力量，要充分发挥自身优势，着力解决经济和社会发展中的重大攻坚问题，在新时代中国特色社会主义的新征程中体现出大学的应有价值。“四个服务”的理念是中国高等教育发展宗旨的新时代表达，其丰富的思想内涵赋予了大学“兴学强国”的新时代使命，是体现新时代大学办学定位确立的独特价值。“四个服务”的要求，必然应当是新时代中国大学办学定位确立的重要依据，这就要求中国大学必须扎根于中国的大地上，必须紧扣中国的时代主题。只有承载这样的使命，中国大学才能在世界高等教育的丛林中站稳脚跟、体现特色、提升国际竞争力。

（二）建设文化高地，传承中华文化是新时代大学办学定位确立的核心战略

坚定不移建设文化强国，实现文化大发展、大繁荣，是新时代对文化科教界提出的总体要求。党的十九大报告中指出：“文化是一个国家、一个民族的灵魂。文化兴国运兴，文化强民族强。没有高度的文化自信，没有文化的繁荣兴盛，就没有中华民族伟大复兴。要坚持中国特色社会主义文化发展道路，激发全民族文化创新创造活力，建设社会主义文化强国。”几千年的中华优秀传统文化是我们民族的根和魂，秉承中华文化的优秀基因，传承中华文化的优秀传统是新时代大学办学定位确立的核心战略。高等教育的文化传承功能决定了新时代的大学必须鼎力担负起促进文化繁荣兴盛的历史责任，牢固树立高度的文化自信，在中华民族伟大复兴的历史征程中贡献自身的独特力量。习近平同志对高等教育的文化建设和文化传承尤为关注，他认为：一是要将文化自信转化为办好中国特色世界一流大学的自信；二是要开展形式多样、健康向上、格调高雅的校园文化活动；三是要重视培育优良的校风和学风；四是要传承优秀的传统文化。[①]

新时代大学传承中华文化的核心途径，就是把自身建设成为文化高地，充分发挥文化高地的带动和引领效应。众所周知，大学作为知识群体最重要的聚集地，是促进文化创造性转化的核心区，是推动文化创新性发展的动力池。因此，新时代大学必须始终把发展社会主义先进文化作为其神圣使命，把培育和践行

---

① 侯长林.习近平高等教育思想体系的逻辑考察[J].国家教育行政学院学报，2018(6)：43－49.

社会主义核心价值观作为其重要职责。同时，我们也需要深刻认识到文化本身对大学发展的重要意义。文化是一所大学的灵魂，是大学发展不可缺少的重要奠基性资源。大学的成熟，在某种意义上，就是文化的成熟，所以一流大学的建设需要强有力的文化支撑；学科的成熟也需要学科文化的成熟，所以一流学科的建设也同样需要强有力的文化支撑。总之，新时代大学在文化建设方面必须不断吸取中华优秀传统文化的璀璨精华，必须不断获取中国特色社会主义实践的宝贵经验，进而引导广大师生不断坚定文化自信，促进中国特色社会主义文化的繁荣兴盛，形成能够推动社会进步、引领文明进程的独具特色的一流大学精神和大学文化，自觉成长为新时代的文化高地。由于传承优秀文化、建设文化高地是大学的重要使命，其理应成为新时代中国大学办学定位确立的重要依据。

（三）肩负历史责任，实现教育强国是新时代大学办学定位确立的宏伟蓝图

“新时代的国家战略和目标需要高等教育的支持。”①党的十九大报告中提出了我国到 21 世纪中叶建成社会主义现代化强国的重大战略部署，描绘了中华民族伟大复兴的宏伟蓝图。其中，建设教育强国既是建成社会主义现代化强国的重要组成部分，也是实现中华民族伟大复兴的基础性和奠基性工程。新时代大学必须切实肩负起时代赋予的历史使命。具体而言，我们可以认为，培育和建设一流的新时代大学是建设教育强国的重大战略，同时一流大学的建成反过来又会进一步助推中华民族伟大复兴的历史进程。因此，可以将“兴学强国”视为新时代中国大学办学定位的一体两面，是新时代大学与生俱来的神圣职责与崇高使命。

纵观人类发展历史，不难发现世界范围内大国的崛起无不与教育的强盛密切相关。其中，高等教育特别是高水平大学的助推作用极其明显。德国柏林大学的创办时间节点正是在国家战败、国力疲弱之时，它确立了教学与科研相结合的办学模式和办学思想，拓展了中世纪以来的大学职能，促成了科学研究水平的飞速提升，在推动世界高等教育发展的同时，也为德国在未来的崛起奠定了良好的基础。美国赠地学院的兴办时间是在南北战争结束后美国经济开始起飞之时，它通过设立应用性专业和开展技术培训，为社会培养了一大批实用的技术人才，并以此带动了美国高等教育水平的提升和美国经济的飞速发展。我国社会

① 吴岩. 新时代高等教育面临新形势[N]. 光明日报，2017-12-19.

进入新时代，开启了全面建设社会主义现代化强国和实现中华民族伟大复兴的伟大历史征程，新时代的大学必然需要在这一伟大历史征程中贡献自身力量。不同办学定位的大学肩负起不同的职责和使命，同心致力于助推社会主义现代化强国的建设和中华民族伟大复兴的历史进程。

二、新时代大学办学定位确立的关键依据

培养堪当民族复兴大任时代新人的核心使命是新时代大学办学定位确立的关键依据。“大学的定位理念则主要是确定大学的责任，即为大学定位。大学使命就是大学定位理念的体现，具有确定大学责任的作用。”①毫无疑问，新时代大学作为教育强国之重器，必须担负起培养德才兼备时代新人的历史使命，必须将推动中华民族伟大复兴的神圣职责体现到自身的办学定位中。进入新时代，人才作为战略资源的重要意义日益凸显，加快建设人才强国的时代呼声日渐高涨，党和国家对高素质人才的培养提出了更高的要求。因此，新时代大学应因时而进、因势而新，以人才培养作为核心使命，造就一大批堪当大任、敢于创新、勇于实践的高素质专业人才，为中华民族伟大复兴提供坚实的人才基础。面向新时代，中国大学必须紧紧围绕“为谁培养人、培养什么样的人、怎样培养人”的根本问题，遵循人才培养的规律，紧跟时代前进的步伐，认真落实好立德树人的根本任务，着力培养能够担当民族复兴大任的时代新人。以培养堪当民族复兴大任时代新人的核心使命作为确立新时代大学办学定位的关键依据，需要着力抓实以下四个方面。

（一）时刻把握立德树人的指南针

进入新时代，人民群众期待能够获得更高质量和更高水平的高等教育，党和国家期待高等教育能够培养中国特色社会主义事业的合格建设者和可靠接班人。人民群众的期待与党和国家的要求，是新时代中国大学必须坚持立德树人根本任务的出发点和落脚点。树人必先立德，立德方能树人。新时代大学以立德树人为根本任务，最重要的就是要做到一切工作都必须紧紧围绕学生发展这个中心，更好地服务学生的全面成长，扎根中国大地，服务国家需求，以一流人才培养能力为核心，不断增强大学的科技创新能力、社会服务能力、文化引领能力，

---

① 眭依凡.大学使命：大学的定位理念及实践意义[J].教育发展研究：2000(9)：18－22.

从而提升国际影响力和竞争力。新时代大学要为统筹推进“五位一体”总体布局、协调推进“四个全面”战略布局提供一流的智力支撑，为新时代中国特色社会主义建设做出一流的才智贡献。归根结底，只有培养出一流人才的大学，才有可能成为世界一流大学。新时代的中国大学要成为世界一流大学，关键在于必须牢牢抓住人才培养这个核心功能，并以此来带动其他功能的提升与完善。总之，新时代大学必须立足新时代对卓越人才的需求，不断深化人才培养模式改革，切实提高人才培养核心能力，时刻把握立德树人的根本任务。

值得引起我们高度注意的是，在多年来的高等教育教学改革过程中，大学总是在琢磨改革之“术”上花了大量精力与时间，但是，对育人之“道”的思考和改进却稍显薄弱。在确立新时代大学的办学定位依据之时，重思大学之目的，有着更加迫切的意义和珍贵的价值。英国教育家纽曼(J. H. Newman)曾经指出：“如果大学的目的在于科学的与哲学的发明，那么，我看不出大学为什么应该有学生。”①大学不同于科研机构的鲜明特征就是承担着人才培养的重要职能，其他职能的开展必须服从和服务于这个核心职能。大学的办学定位必须充分体现育人之“道”的要求，不能舍本逐末，进而荒废主业。立德树人作为新时代中国大学的根本任务，正是新时代大学对一流大学之目标进行重新反思之后所达成的重要共识，这也意味着人才培养的核心功能越来越得到重视，立德树人的重要理念势必成为新时代大学行动指南的核心要义。

(二)时刻做好青年成长的领路人

新时代呼唤新青年，青年兴则国家兴，青年强则国家强，青年一代有理想、有本领、有担当，国家就有前途，民族就有希望。青年作为国家发展的希望和民族未来的寄托，是推动社会前进的生力军，是伟大事业建设的中流砥柱。大学自诞生之日起就是高素质青年人才的聚集地和成长域，吸引着一批又一批具有不同天赋的青年才俊在其周围，为青年的成长提供各种养分。毫无疑问，青年在成长取向上有无限的可能性，这既为青年的发展提供了宽厚的基础，也给青年带来了一定的成长风险，关键在于需要在一定的环境中加以适当引导。大学必须发挥好对青年发展的引领性功能，为新时代青年成长为堪当民族复兴大任的时代新人保驾护航。贯彻落实好新时代党和国家对青年成长的要求，需要新时代的中

① [英]约翰·亨利·纽曼.大学的理想(节本)[M].徐辉，顾建新，何曙荣，译.杭州：浙江教育出版社，2001.

国大学紧扣时代主题，牢牢把准根本任务，发挥高等学校系统化、专业化的育人优势，激发广大青年学生的内生动力，切实做好新时代青年成长的领路人。

新时代大学要做好青年成长的领路人，就必须突出核心任务，加强大学生思想政治教育和价值引领。统筹推进课程育人，大力推动以课程思政为目标的课堂教学改革；着力加强科研育人，引导师生树立正确的政治方向、价值取向、学术导向；优化组织育人，不断提升党团等各类组织的吸引力和凝聚力；强化实践育人，积极促进大学生的全面发展和素质提升；推进文化育人，引领教育大学生弘扬主旋律、传播正能量；推动网络育人，大力创新网络思想政治教育工作方式和途径；大力促进心理育人，坚持育心与育德相结合，深入构建教育教学、实践活动、咨询服务、预防干预、平台保障“五位一体”的心理健康教育工作格局；切实强化管理育人，大力营造治理有方、管理到位、风清气正的育人环境；不断深化服务育人，坚持将解决思想问题与解决实际问题紧密结合；全面推进资助育人，着力培养受助学生自立自强、诚实守信、知恩感恩、勇于担当的良好品质。新时代大学在确立办学定位时，一定要不负重托，围绕立德树人根本任务，关心学生、培养学生、服务学生，做好青年学生健康成长的指导者；一定要创新工作思路，密切关注青年成长，用实际行动影响青年、感染青年、吸引青年，做好青年学生健康成长的引路人。

（三）时刻树立追求卓越的中国梦

毫无疑问，教育梦是中国梦的重要组成部分，高等教育梦又是教育梦的核心组成部分。新时代中国大学争当世界一流，就是为了实现高等教育梦和教育梦，就是为了实现中华民族伟大复兴的中国梦。人才的支撑、科技的支撑、文化的支撑，是实现中华民族伟大复兴中国梦的关键因素。如果高等教育大国无法走向高等教育强国，新时代的一批大学和学科无法进入世界一流之列，那么人才、科技、文化等方面的支撑作用就无法得到保障，中国梦的实现就很可能会落空。新时代我们做出加快建设世界一流大学和一流学科的战略决策，就是为了实现追求卓越的中国梦。《统筹推进世界一流大学和一流学科建设总体方案》中明确指出，加快建成一批世界一流大学和一流学科，提升我国高等教育综合实力和国际影响力，为实现“两个一百年”奋斗目标和中华民族伟大复兴的中国梦提供有力支撑。追求卓越的中国梦，是新时代大学应当树立的伟大梦想。

历史经验表明，当国家处于生死存亡的动荡时期，教育不能救国；当国家处于和平建设的发展时期，教育能够兴国；当国家处于伟大复兴的跃升时期，高等教育可以强国。在奋起追逐中国梦的今天，党和国家对高等教育的重视和对卓越人才的渴求，比以往任何时候都更加强烈。实现中华民族的伟大复兴是一项前无古人的伟大事业，伟大事业对新时代大学提出的要求就是要成为团结人民、鼓舞士气、成风化人、凝心聚力的动力源泉，成为肩负历史重托、不忘时代使命、实现复兴之梦的伟大力量。新时代大学助力中国梦的实现，最核心的使命就是要加快建设高等教育强国的进程，不断在办学理念、组织管理和体制机制上进行大胆创新，全面提升我国高等教育的综合实力和国际竞争力。总之，新时代大学坚守梦想，就是要积极回应时代对高等教育的殷切期盼，加快建设高等教育强国，为中华民族伟大复兴中国梦的实现提供有力支撑。

（四）时刻坚持“以本为本”的定盘星

高等教育发展进入新时代，大学的人才培养本质职能只能持续强化，不可须臾偏废，大学人才培养的核心和根本必须立足于本科教育。新时代全国高等学校本科教育工作会议对新时代大学办学定位的核心依据做出了精确的判断，就是要牢固树立“高教大计、本科为本，本科不牢、地动山摇”的思想认识。大学以人才培养为本，本科教育是根，这是本科教育本质属性的体现，是世界高等教育发展的共识和趋势。立足当前，面向未来，新时代大学在确立办学定位时，必须把本科教育放在人才培养的核心地位、教育教学的基础地位、学校发展的前沿地位，加快建设一流本科教育的步伐。新时代大学牢固确立本科教育的核心地位，关键是要把“四个回归”作为教育教学改革的基本遵循，激励引导学生回归刻苦学习的常识，激励引导教师回归潜心教书育人的本分，激励引导高等学校回归培养社会主义建设者和接班人的初心，激励引导高等教育回归早日实现教育强国的梦想。

坚持“以本为本”，推进“四个回归”的基本遵循，是确立新时代大学办学定位的重要依据，其核心要义体现在以下四个方面：第一，坚持“以本为本”，推进“四个回归”是本科教育本质属性的反映。本科生是高素质专门人才的聚集性群体，本科阶段是学生世界观、人生观、价值观形成的关键阶段，所以，本科教育的本质属性就是对一批重要的群体在关键成长阶段进行价值性的人生发展引领。本科教育的这种本质属性就是对坚持“以本为本”，推进“四个回归”重要性的最好阐释。第二，坚持“以本为本”，推进“四个回归”是本科教育基础地位的具体体现。

本科教育作为高等教育的基础阶段，是整个高等教育大厦的奠基性工程，承担着高等专门化基础性人才培养的奠基性任务，在高等教育体系中处于基础性位置。第三，坚持“以本为本”，推进“四个回归”是高等教育发展规律的要求。高等教育作为一个庞大的生态发展系统，其运行发展有自身的内在规律。总结高等教育的发展历史，不难发现，如果本科教育难有作为、难有特色、难有地位，那么高等教育的发展就无法得到保障，这是高等教育发展史上一条永恒的规律。第四，坚持“以本为本”，推进“四个回归”是世界高等教育发展的共识和趋势。世界高等教育的改革发展经验表明，“以本为本”越来越成为大家的共识，高等教育回归初心和本业越来越成为改革的重要趋势。

三、新时代大学办学定位确立的现实依据

坚持从学校发展实际出发是新时代大学办学定位确立的现实依据。高等教育法明确赋予高等学校办学自主权，新时代大学的办学定位主体就是自身。新时代大学作为自身办学定位的主体，在确立办学定位依据时，必须充分考虑学校的发展实际，这是办学定位确立依据的必要前提。确立办学定位是新时代大学根据自身实际、面向社会需要而进行的独立自主的发展规划活动，自身的发展实际和社会的实际需求就是新时代大学办学定位确立的现实依据。践行新时代大学办学定位确立的现实依据，就需要以弘扬个性、扬长避短和动态调整为定位确立的基本原则。

（一）践行弘扬个性，注重分类、特色发展

从新时代大学办学定位确立的现实依据出发，新时代大学在确立办学定位时必须考虑学校自身的发展历史、发展现实与发展目标，学校的自身发展实际应当成为新时代大学办学定位确立的基本现实依据。不可否认的是，一所大学的现有优势是其长期资源消耗的结果，同时也构成了它在新的历史条件下谋求新的发展的现实资源和宝贵财富。因此，新时代大学在确立自身定位时，不能盲目攀比，更不能趋同发展，差异化发展战略才是新时代大学必须牢固确立的发展思路。坚持多样化、多层次发展理念，注重分类、特色发展，充分发挥自身办学特色和优势，在不同领域和不同区域各展所长。差异化发展就是要“量力而行”，这是新时代高等教育全面协调可持续发展的客观要求，也是新时代大学争创世界一流的现实要求。新时代大学在做到“量力而行”的同时，必须“尽力而为”，在弘扬

个性、特色差异发展的过程中,把握好“量力而行”与“尽力而为”的“度”,既坚持重点论又坚持两点论,坚持解放思想与实事求是的统一。①

(二)践行扬长避短,突出服务需求、成效导向

从新时代大学办学定位确立的现实依据出发,新时代大学在确立办学定位时要践行扬长避短的原则,突出服务需求、成效导向。尽管赫钦斯(R. M. Hutchins)曾一再强调,大学之所以为大学,就在于大学必须具有自己独立的教育理念,而不能完全被外在的市场和就业需要所决定。② 但当今社会背景下的大学已远远不是当年的象牙塔办学模式,大学与社会的联系紧密程度已极大地超出了以往所有时代的理解范围。新时代大学办学定位的现实依据要求,必须主动对接社会发展需求,通过不断优化专业结构、完善课程体系、更新教学内容、改进教学方法等途径和手段,切实提高人才培养目标达成度、社会适应度、条件保障度和效果满意度。从社会“三元结构”的角度看,大学被界定为“非营利组织”实际上是把大学与政治领域的政府和经济领域的企业明确地区分开来,认为大学既不属于政治领域,也不属于经济领域,而是属于社会(公共)领域。③ 按照这种领域划分,隶属于社会公共领域的大学,其重要职能就是为促进社会经济发展提供自身所具有的智力优势,更好地服务于经济社会发展。因此,新时代大学的办学定位不能自说自话,应该在结合自身发展实际的基础上,将社会经济和政府对大学的需求作为重要的决策依据,根据自身的优势确定服务什么,只有这样才能最终体现出服务的有效性。

(三)践行动态调整,强化机制完善、持续改进

从新时代大学办学定位确立的现实依据出发,以发展的、变化的视角观察和分析问题。经济社会的不断发展,必然要求大学的办学定位适时地做出相应的调整和变革。大学的办学定位不仅具有历史性、整体性和稳定性等特点,同时也彰显着发展性、动态性和阶段性等特征。因此,我们认为,新时代大学的办学定位是内在规定性与外在适应性相互作用的整合,是在否定之否定中不断实现的发展和完善,践行的是动态调整原则。当然,办学定位调整的落实不能仅仅停留

---

① 郭秋平.大学办学定位的理性探讨[J].现代教育管理,2011(5):50—53.

② 甘阳.大学之道与文化自觉[M]//胡显章,曹莉.大学理念与人文精神.北京:清华大学出版社,2006:224.

③ 柯文进.社会转型与我国大学的社会定位[J].教育研究,2006(10):55—59.

在口号和认识上，需要厘清调整的落脚点。作为具有一定时间效力的发展规划设计，办学定位的调整应当体现在具体的运行机制完善过程中。新时代大学办学定位的动态调整，关键在于持续推进体制机制的创新和完善。在新时代大学的办学定位动态调整过程中，需要重点关注人才培养体制机制的创新，着力形成招生、培养与就业的联动机制，着力完善专业和课程的动态调整机制，着力健全多方参与的协同育人机制，着力优化多元评价的质量保障机制，从而形成人才培养质量的持续改进机制。①

① 刘贵芹．创新高校人才培养机制的探索与思考[J]．中国大学教学，2014(10)：4－8．

第二节　新时代大学教学改革的目标

进入新时代以来，我国高等教育在内涵发展、质量提升和改革攻坚等方面都取得了历史性成就，高等学校立德树人成效显著，高等教育全面深化改革进入关键时期，高等教育强国的建设也进入关键阶段。在高等教育全面深化改革的大背景下，新时代大学的教学改革必须紧紧围绕全面加强党的建设，必须毫不动摇地坚持社会主义办学方向，把立德树人的成效作为根本的检验标准，引领和带动新时代大学人才培养能力全面提升，初步形成高水平的人才培养体系。具体而言，就是要求新时代大学的教学改革必须以巩固本科教育基础地位、提升高等学校创新创业教育成效、促进现代信息技术与教育教学深度融合、构建全方位全过程深度融合的协同育人机制、激发学生学习兴趣和潜能等为达成目标。

一、新时代大学教学改革的根本性目标

巩固本科教育基础地位是新时代大学教学改革的根本性目标。新时代大学跻身世界一流大学的关键在于形成高水平的人才培养体系，人才培养是本，本科教育是根。新时代大学最基础、最根本的工作就是抓好本科教育，切实巩固本科教育的基础地位，这是安身立命之本。新时代全国高等学校本科教育工作会议对本科教育的基础地位提出了明确要求，就是要坚持“以本为本”，推进“四个回归”，加快建设高水平本科教育，全面提高人才培养能力。本科教育的基础地位是否牢固，可以在以下四个方面的达成度中得到体现：领导重视本科教育的高度；制度保证本科教育的广度；经费保障本科教育的程度；部门服务本科教育的热度。在当前本科教育仍面临许多难题的情况下，巩固本科教育的基础地位面临一定的挑战，新时代大学应该坚持问题导向，瞄准问题本身，深入分析问题原因，充分开展问题调研，在本科质量文化构建上下功夫，在本科教育教学投入上下功夫，在一流专业建设上下功夫。新时代大学巩固本科教育基础地位，需要针对以上三个方面提出切实可行的措施、解决问题的进程和对有效性的监测。

（一）全面构建本科质量文化

在新时代背景下，以质量提升为核心的内涵式发展成为高等教育必须选择的发展模式，质量提升成为新时代大学本科教育教学工作的核心。新时代大学的教育教学改革必须以质量提升为核心目标，充分营造质量文化氛围，使本科教育的质量目标、质量观念和质量规范深入人心，使提升学校本科教育教学质量成为全体教职员工的自觉行动。新时代大学本科教育质量文化的构建，必须基于完善的高等教育质量保障体系的构建之上，这是提高新时代大学本科教育质量的本质要求和关键所在。

第一，建立完善的质量保障体系，切实推进管办评分离。具体目标就是构建以大学内部质量保障体系为基础，以教育行政主管部门为指导，吸纳第三方机构共同参与的新时代高等教育质量保障体系。

第二，强化质量保障的主体意识，健全大学内部质量保障制度。根据国家相关规定和行业有关标准，从学校的发展实际和目标出发，制订符合自身特色的本科教育教学质量标准，确立人才培养目标要求。根据人才培养目标，建立本科教育教学自我评价制度，将评价结果作为校务公开的重要内容向社会公开。

第三，完善质量督导评估机制，引导新时代大学合理定位、办出特色。通过不断深化改革，形成基于动态监测、定期评估和专项督导的新时代高等教育评估体系。充分利用互联网、大数据和人工智能等新兴技术手段，建设好国家级高等教育质量监测数据平台，形成覆盖高等教育全过程、全领域的质量监测网络体系。

第四，充分发挥第三方机构在质量保障体系建设中的作用。第三方机构的专业性、行业性等特点，决定了其在标准制订、评估监测等方面具有不可替代的重要作用，充分发挥第三方机构在人才培养、需求分析、标准制订和专业认证等方面的作用，对于构建完善的质量保障体系、形成浓厚的质量保障文化具有重要意义。

（二）切实加大本科教育教学工作投入度

本科教育教学工作的投入度是判断本科教育基础地位的重要指标之一。牢固树立本科教育的基础地位，就要增强高等学校领导和教师对本科教育的投入度。高等学校的各级领导干部要发挥好“一线指挥员”的担当和权责，把人才培养的中心工作和本科教育的基础地位落到实处。教师队伍作为新时代大学人才培养工作的重要支撑，承担着教书育人的重要职责，是深化教育教学改革的重要发力点。当前高等学校教师重科研轻教学的现象仍然存在，对本科教育教学工作的投入度仍然偏低。① 教师对本科教育投入的时间、精力不足，是严重影响人才培养质量提升的重要原因，是高等教育改革亟待解决的一个难题。因此，新时代大学要积极探索增强教师对本科教育工作投入度的有效举措，通过改革教师评价体系、加大对教师的奖励力度、助推教师专业发展等措施，形成教师热爱教学、乐于教学、研究教学、投入教学的良好氛围，为本科教育教学提供坚实的师资保障。

牢固树立本科教育的基础地位，还要加大对本科教育的经费投入度。经费投入是另一个影响本科教育教学质量的重要因素。虽然随着国家和社会对高等教育投入的逐年加大，本科教育教学经费投入也在逐步上升，但不能否认的现实是，当前本科教育教学经费的投入还是无法满足本科教育教学工作的需要，无法较好地匹配本科教育教学规模的发展，并由此带来了一些新的问题。因此，巩固本科教育的基础地位，必须强化新时代大学对本科教育教学的经费保障意识，不断增加对本科教育教学的经费投入。

（三）着力提升一流专业建设成效

一流人才的培养和高水平本科教育的发展，都离不开一流专业的建设。专业是高等教育人才培养的基本单元，是建设高水平本科教育、培养一流人才的“四梁八柱”。新时代大学巩固本科教育的基础地位和引领高水平本科教育的发展，必须以建设面向未来、适应需求、理念先进、保障有力的一流专业为目标和支撑。新时代大学要在提高专业建设质量上下大功夫、花大力气，具体可从以下几个方面探索有效措施：一是要了解新时代对人才需求的多样化态势，及时调整专业人才培养目标，修订人才培养方案，科学构建课程体系，更新课程大纲，适时修订专业教材；二是要推动建立本科专业办学条件主动公开制度，加强专业质量保障建设，提升学生和社会对专业办学的满意度；三是要在专业动态调整方面持续发力，不断深化本科专业的供给侧结构性改革，通过建立健全本科专业动态调整机制，做到专业设置的存量升级、增量优化、余量消减，主动布局适应新时代需要的战略性新兴学科专业；四是要在专业布局顶层设计上精准施策，结合区域内高

---

① 郝杰，詹亚力．提高本科教育教学质量的思考与实践——中国石油大学（北京）出台“十项新政”攻坚本科教学[J]．北京教育（高教版），2015(6)：70－72．

等学校学科专业特色和优势，因地制宜地培育特色优势专业群，打造专业建设新高地，提升服务区域经济社会发展能力。一流的专业建设成效是牢固保障本科教育基础地位的有效抓手，需要新时代大学持续发力、不断突破。

二、新时代大学教学改革的直接性目标

提升创新创业教育成效是新时代大学教学改革的直接性目标。高等学校创新创业教育的地位和作用在新时代得到了广泛、深入和科学的认识。特别是国家一系列有关创新创业教育文件，如《国务院办公厅关于深化高等学校创新创业教育改革的实施意见》(国办发〔2015〕36 号)、《国务院办公厅关于深化产教融合的若干意见》(国办发〔2017〕95 号)等，均坚持把教育教学改革的突破口和着力点放在深入推进高等学校创新创业教育改革上。新时代大学必须牢固树立科学的创新创业教育理念，把创新创业教育作为全面提高高等教育质量的内在要求和应有之义，将创新精神、创业意识和创新创业能力作为评价人才培养质量的重要指标。当前，全国各高等学校虽已在创新创业教育方面的探索有所进展，但仅仅只是方向和导向作用，缺乏具体可行的操作性指导。[①] 高等学校创新创业教育课程体系亟待健全和完善，创新创业教育的实践模式也亟须优化，创新创业教育的示范效应尚待发挥，创新创业梦想还需进一步孕育。总之，这一系列因素都在影响着新时代大学创新创业教育的深入推进和社会效益的有效提升。新时代大学必须改革创新创业教育的实施模式。

(一)健全创新创业教育课程体系

新时代大学的教育教学改革必须着眼于促进包括通识教育课程和专业教育课程在内的各类课程与创新创业教育的有机融合，挖掘和充实各类课程的创新创业教育资源。在构建创新创业教育课程体系的过程中，新时代大学必须着力推动创新创业教育与专业教育和思想政治教育的深度融合，设置创新创业教育必修课程和选修课程，并将创新创业教育课程纳入人才培养方案。深化创新创业教育课程体系、教学方法、实践训练、师资队伍等关键领域改革，特别注意引进国际、国内优质创新创业教育课程，实现与国际国内名校创新创业教育课程同步及共享。除此之外，还需要提高创新创业教育课程学分比重，确保创新创业实践

---

① 林于良，曾晨. 高校创新创业教育的分析与建构[J]. 黑龙江高教研究，2016(5)：108－110.

占实践教学的比例达标，在综合课程设计、专题设计和毕业设计中突出创新创业的实践要求。

（二）创建创新创业教育实践模式

真正的创新创业理念很难仅仅通过理论知识传授的方式深入当代大学生的内心，在创新创业教育中，给予大学生直接的实践机会尤为重要。新时代大学教学改革必须推动创新创业教育方式方法改革，广泛开展启发式、探究式、讨论式、参与式教学。创建创新创业教育实践模式，一是以本科学生创新创业训练计划项目为抓手，构建大学生创新创业训练计划项目体系。资助大学生立项开展创新创业项目研究，鼓励大学生参加各级各类创新创业大赛和各类职业资格考试，获取多种资格证书，培养大学生的创新创业能力。二是加强创新创业实践平台建设，为大学生开展创新创业提供有力支撑。根据不同专业的特点，加强专业实验室、实验教学示范中心、创新创业实验室和训练中心建设；以学校优势学科为支撑，以区域骨干企业为主体，联合建设工程实验室、工程研究中心，促进创新创业实践教学平台的共建共享，为大学生开展创新创业实践提供保障。三是创新教学管理制度，推动教学管理和学籍管理制度改革，完善个性化人才培养方案，建立和完善创新创业实践学分认定和学分转换制度，允许参与创新创业的大学生调整学业进程，保留学籍休学开展创新创业实践。四是强化创新创业师资队伍建设，培养一批专兼职指导教师，为大学生开展创新创业提供有效指导。

（三）发挥创新创业示范效应

新时代高等学校创新创业教育要特别注重发挥“互联网＋”大赛的引领推动作用，提升创新创业教育实践水平。“挑战杯”中国大学生创业计划竞赛是新时代大学生直接参与的创新创业实践机会的成功范例，每年都有成千上万的大学生在该项赛事中获得创业体验。随着越来越多的创新创业大赛走入校园，新时代大学在积极宣传和鼓励学生参与比赛的同时，应该更加重视对优秀项目的推荐转化及投入运营。同时，应特别注重对比赛的趣味性、实用性和教育性进行宣传报道，以达到更具激励效果的宣传目的，推动新时代大学生积极投身于创新创业热潮中。积极搭建大学与政府及企业直接交流的相关平台或机制，邀请创业成功人士进校与学生分享创业经验，进行示范引领、榜样激励。推进大学生创新创业俱乐部建设，建立以学校为主导，以学生为主体，企业、金融机构、风险投资机构和创业导师等多方参与的大学生创新创业俱乐部①,以实现教育政策、各方信息及人才资源等的共享共赢。

三、新时代大学教学改革的路径性目标

促进信息技术与教育教学的深度融合是新时代大学教学改革的路径性目标。进入新时代,信息技术对教育教学改革和发展的影响非常明显,信息化在解决我国教育发展面临的瓶颈问题中发挥着重要作用。众所周知,信息技术在助力教学活动突破时空限制上具有无可比拟的优势,能够极大地扩展优质教育资源的覆盖面。教育信息化对传统课堂的改造、优质教育资源的供给、创新人才的培养具有非常明显的促进作用。特别是互联网、云计算、大数据和人工智能等为构建新时代终身教育体系提供了重要的技术支撑和平台支持。“互联网、云计算、大数据等新兴信息技术,是当今世界创新速度最快、通用性最广、渗透力最强的高技术之一,正在深刻影响着高等教育教学生态。”②尤其是近几年迅速兴起的大规模在线开放课程等新型在线开放课程,给新时代大学的教育教学改革带来了前所未有的机遇和挑战。大规模在线开放课程作为互联网与高等教育结合的产物,其开放和共享的理念有助于推进课程教学内容的及时更新,有助于推进教学和学习方式的时空性变革,从而实现优质教学资源的共享,更好地促进教育公平和提高教育质量。因此,加快推动现代信息技术与教育教学的深度融合,是新时代大学推进教育教学改革的重点之一,也是教育教学改革所要达成的路径性目标。具体而言,促进信息技术与教育教学的深度融合,要求新时代大学在推进教育教学改革的进程中主动适应个性化发展需要和多样化学习需求,立足自主建设和应用共享,构建中国特色新时代大学在线开放学习系统。

(一)重塑新时代大学教育教学形态

“互联网+高等教育”是新时代大学教育教学新形态的主要呈现形式。以网络化、数字化、智能化和个性化为特征的高等教育教学新形态,将是新时代大学教育教学改革的主要追求目标。以打造适应学生自主学习、自主管理和自主服务需求为核心的智慧课堂、智慧教室和智慧校园,是重塑新时代大学教育教学形

---

① 朱德建,吴俊.高等学校就业中心开展大学生创业指导服务的模式研究[J].创新与创业教育,2015(4):90—92.

② 刘贵芹.加快推进信息技术与本科教学深度融合[J].中国高等教育,2016(23):1.

态的重要抓手。因此，要大力推动互联网、云计算、大数据、人工智能和虚拟仿真等现代信息技术运用于新时代大学的教学和管理中，探索实施以现代信息技术推动高等教育质量飞速提升的可能路径，加快建设多元协同、内容丰富、应用广泛、服务及时的新时代高等教育云平台。新时代大学要健全个性化、精细化、精准化和智能化的师生服务管理体制和机制，以在线开放课程建设为抓手，充分运用现代信息技术，对现行学生管理、教师管理和师生评价等制度进行全面修订，为实施线上线下互动混合式教学提供良好的制度保障。促进信息技术与教育教学深度融合，以信息化手段提升教育质量、促进教育公平，是教育信息化全面推动教育现代化的应有之义。云计算、大数据、人工智能、物联网和移动互联网等现代信息技术的日臻完善和成熟，促使经济社会各领域向数字化、网络化和智能化方向加速发展。新时代大学的教育教学改革，必须顺应智能时代的发展趋势，推动现代信息技术与高等教育教学深度融合，实现传统教育向智能教育的全面跃升，重塑新时代高等教育教学形态。

（二）推进大规模在线开放课程的建设与共享

以慕课为代表的大规模在线开放课程，是当前乃至今后一个时期信息技术与教育教学有效融合的一种发展趋势。我国的在线开放课程建设，一开始就定位于共享校际优质教学资源和突破“满堂灌”的传统教学模式，推进高等学校教学内容的革新、教学方法的改进和教学方式的变革，在此基础上，兼顾社会学习者利用互联网在线学习。① 就大规模在线开放课程的建设和应用而言，课程内容是核心，教学设计和课程资源是基础，课程的共享应用是目标。新时代大学要在大规模在线开放课程建设方面持续发力、精准施策，建设一批课程应用与教学服务相融通的优质在线开放课程，创新在线开放课程的共享与应用模式，推进以学生为中心的教学方式方法变革。具体而言，一方面，通过多种举措激励广大教师积极参与在线开放课程建设与应用；另一方面，通过将在线开放课程学习纳入学生的学分管理等措施，在制度上引导广大学生开展相关课程学习。同时，加强对大规模在线开放课程的建设质量和运行效果进行监测评价，推动优质课程资源的开放共享，促进优质课程资源平台的建设推广。总之，新时代大学就是要通过鼓励教师和学生的多模式应用、多形式学习、多层次监测评价，达到提升在线

---

① 张大良．着力推动高校加快现代信息技术与教育教学深度融合——在基础课程教学改革研讨会上的讲话摘要[J]．中国大学教学，2016(7)：6－11．

开放课程服务水平，形成人人皆学、处处能学、时时可学的泛在学习环境。

新时代大学教育教学改革的一项重要任务就是基于信息技术与教育教学的深度融合，推进大规模在线开放课程的应用和共享。新时代大学在教育教学改革过程中，要充分认识到信息技术在推进课程变革和教学方式方法变革中的重要作用。从优化教学设计、重塑课程体系、翻转教学形式等方面着手，探索线上线下互动融合的教学模式，从而有效调动学习者的积极性、主动性和创造性，不断提高教育教学质量。这项富有时代意义的教育教学变革，是新时代对高等教育内涵发展的要求，也是全面提高教育教学水平的必由之路。新时代大学要积极参与到这项富有时代意义的改革中来，研发出、应用好更多高水平课程，为全面提高教学水平和人才培养质量做出积极贡献。

四、新时代大学教学改革的全局性目标

完善协同育人机制是新时代大学教学改革的全局性目标。完善协同育人机制，吸引更多社会资源投入人才培养，是高等学校创新人才培养机制的重要方式，也是提高人才培养质量的有效途径。① 新时代大学教学改革的最终目标，就是要实现高等学校的人才培养与社会的现实需求之间双向互补、协同促进。协同育人目标的实现，首要制约因素就是实践育人平台的建立和完善，从体制建设上保障协同育人的有效开展。与行业企业共建共享协同育人实践基地是新时代大学推进实践育人平台建设的不二选择。制约协同育人目标实现的另一个关键因素就是相关机制的建立和完善。新时代大学在建立与社会用人部门合作培养人才机制方面任重道远，与相关行业部门协作推进全流程协同育人的机制还不完善，具体体现在：培养目标协同机制有待完善，需进一步与相关行业部门联合制订人才培养标准，完善人才培养方案；师资队伍协同机制有待完善，专兼职教师队伍建设的步伐还需进一步加快，师资队伍的双向交流和实践教学水平可提升的空间较大；资源共享协同机制有待完善，社会优质教育资源转化为教育教学内容的有效性不高；全程管理协同机制有待完善，相关行业部门与大学搭建人才培养协同管理平台的进展不快。因此，新时代大学必须大力促进与行业企业共同建设实践教育平台、完善实践教育机制，共同推动合作共赢、开放共享的协同育人目标的实现。从当前协同育人的现实情况与发展趋势来看，新时代大学在

---

①　张大良．完善协同育人机制，提高人才培养质量[N]．中国教育报，2013-12-24．

教育教学改革过程中需要从以下四个方面进一步精准发力。

(一)强化科教协同育人

科教融合、协同育人是一项重要的国家战略,促进相关机制的建立和完善是迫在眉睫需要解决的问题。科教融合不仅是新时代大学培养学生创新精神和实践能力的有效途径,更是高等学校提高教育质量的战略选择。深化科教协同育人机制,首要的是加强大学与各级各类科研院所的协作力度,建立科教融合、相互促进的协同培养机制。特别是要在为大学生参与科研课题方面创造有利条件,推动有关科研基地向大学生开放,引导大学生涉足课题、参与团队、走进基地,将教育教学内容建立在最新的科研成果转化上,将高质量的人才培养奠基于高水平的科学研究上,从而做实科教协同育人。目前,有关科教协同育人方面的一些探索实践已经取得了非常明显的效果,其经验值得推广和学习。2012 年,教育部和中国科学院(以下简称"中科院")联合启动实施"科教结合协同育人行动计划"。该计划涵盖了科苑学者上讲台、重点实验室开放、大学生科研实践、大学生暑期学校、大学生夏令营、联合培养本科生、联合培养研究生、人文社科学者进科苑、中科院大学生奖学金、科苑学者走进中学等十个项目。每个项目的任务明确、操作性强、辐射面广,形成了一系列具体的行动方案。经过多年的探索与实践,新时代大学与科研院所在科教协同育人模式上取得了一定的成功经验,逐步形成了科技英才班、联合共建学院等科教结合协同育人的典型模式。①

(二)深化产教协同育人

产教协同育人是新时代经济社会发展和高等教育内生规律共同呼唤的有效人才培养方式。产教协同育人的基础在于产教融合。产教融合是行业和高等学校为了各自的发展需要而建立的一种资源共享、优势互补、需求对接的合作关系和机制,其本质是通过利益共同体的构建,实现生产与教育一体化,有效促进教育链、人才链与产业链、创新链的有机衔接。② 新时代大学教学改革要以产教融合为基础,深入推进产教协同育人模式的新发展。具体而言,需要着力开展以下

① 蒋文娟,张淑林,刘天卓. 科教结合协同育人运行机制与模式[J]. 中国高校科技,2017(3):7—11.

② 唐未兵,温辉,彭建平."产教融合"理念下的协同育人机制建设[J]. 中国高等教育,2018(8):14—16.

几个方面的工作：一是推动医教深度融合，通过共建医学院和附属医院等举措，促进医学人才培养的职前与职后教育紧密衔接；二是促进农科教深度融合，通过建设农科教合作人才培养基地，协同推动农科人才培养资源的互动共享；三是深化法教深度融合，实施大学与法治实务部门互动交流，深入推进法学人才培养与司法实践的紧密联系；四是推进宣教深度融合，实行大学与宣传部门紧密合作，打造适应新媒体发展要求的新闻传播人才协同培养模式；五是完善高等学校与中小学校的协同育人机制，创新教师教育实施模式，推动新时代卓越教师协同培养机制的形成。

（三）推进校企协同育人

校企协同育人是新时代卓越工科人才培养的客观要求，也是新时代大学推进教育教学改革和提高人才培养质量的有力抓手。校企协同育人机制的基础和关键在于校企合作关系的建立和巩固。校企合作也是新时代大学的内在发展逻辑和新时代经济社会内在发展需求的有机契合点，是二者在协同发展中寻求共赢的协调互动过程。校企协同育人的前提是合作，落脚点是人才培养，但由于校企双方占有资源不对称、目标不一致等原因，目前校企协同育人方面存在着一些问题。① 校企协同育人之所以存在难题，从根本上讲是没有回答企业为什么要参与高等学校人才培养的问题，是没有解决企业如何参与高等学校人才培养的难题。因此，新时代大学要推进校企协同培养人才取得实效，就必须在教育教学改革过程中以创新校企协同育人模式为先导，以完善校企协同育人机制为重点，以丰富校企协同育人形式为抓手。特别是在新时代新工科教育背景下，深化校企合作、推进校企协同育人尤为重要。推进校企深度融合，加快发展新工科，探索以推动创新与产业发展为导向的校企协同育人教育模式，着力构建新时代校企协同育人新机制，包括动力机制、激励机制、沟通与协调机制、保障与约束机制等，是解决制约校企协同育人问题的关键。

（四）推动国际合作育人

新时代大学要主动对接国家对外开放的重大战略，积极融入和服务于“一带

① 王素君，吕文浩，刘阳. 校企协同育人的机制和模式研究[J]. 现代教育管理，2015(2)：57－60.

一路"建设的伟大工程。具体而言,就是在教育教学改革过程中,要特别注重国际合作育人模式的有效推进。一是新时代大学在与国外高水平大学开展联合培养专业化人才方面持续发力,积极支持中外高等学校在学生互换、学分互认和学位互授联授等方面的创新举措,选派优秀青年教师和学术拔尖人才赴国外高水平机构访学交流;二是新时代大学要注重国际化人才的培养和储备,一方面推荐优秀学生到国际组织学习和任职,另一方面加快引进和改造国外优质教育资源的步伐,培养符合时代要求的具有国际视野、通晓国际规则、能够参与国际事务与国际竞争的新时代国际化人才。

第三节　新时代大学教学改革的主要原则

深化改革是新时代的主题,全面发展是新时代的主调。新时代大学的一项重要任务就是全面、深入、系统地推进教育教学改革,全面提升人才培养质量。教学改革作为新时代大学教育教学工作的核心,是深化高等教育综合改革的重心所在。新时代大学深化教育教学改革不仅事关自身的发展兴衰,更是关乎国计民生之大业。不同类型、不同层次、不同定位的新时代大学如何统筹解决教学改革过程中面临的共性问题,这是新时代高等教育教学改革推动者和主导者必须思考的问题。新时代大学的教学改革实践不能是没有理论指导的盲目实践,新时代大学教学改革的指导理论也不能是脱离实践的空洞理论。在推动新时代大学教学改革之前,必须明确改革的哲学基础和实践原则,进而有的放矢地推动改革不断深入。因此,总结和反思高等教育教学改革的经验和教训,深入探讨新时代大学教学改革遵循的基本原则,以期对改革实践进行方向性指导显得非常必要。

一、以学生需求为中心的教学改革原则

以学生为中心的本科教育理念,滥觞于20世纪中叶的美国学术界。随后,该理念引发了本科教育教学组织等方面的一系列颠覆性变革,给世界高等教育的发展带来了巨大影响。联合国教科文组织也开始倡导高等教育需要转向以学生为中心的认识视角和发展模式,倡议世界各国的高等院校要把学生需求作为办学的关注点,并预言以学生为中心的本科教育理念必将对世界高等教育产生深远影响。以学生需求为中心的高等教育变革,逐渐成为世界高等教育改革与发展的必然趋势,也逐渐成为我国高等教育改革的普遍共识。新时代大学的教学改革,需要确立和弘扬以学生需求为中心的本科教育理念,遵循世界高等教育的发展趋势和我国高等教育的发展要求。具体而言,以学生需求为中心的教学改革,就是要求新时代大学在教学理念、管理理念和服务理念等方面都发生根本

性的转变。要充分认识到教学的目的不在于“教”，而在于“学”，最根本的是要实现从以教为中心向以学为中心的转变，从教师将知识传授给学生向学生自己去发现和创造知识转变，从传授模式向学习模式转变。以学生需求为中心的本科教学改革，应从根本上做到以学生发展为中心、以学生学习为中心和以学习效果为中心的有机统一。[①] 毋庸置疑，新时代大学用以学生需求为中心的理念指导其教学变革，这是一种范式转变的大胆尝试，必须在改革实践中全面、整体、协调和可持续地推进。

（一）教学改革要指向学生发展

教育问题从根本上讲是关于人的问题。教育是关照人的发展问题的活动，通过对人的成长进行合理而有效的引导，从而促进人的全面发展。人的发展有其自身的规律和特征，既是连续性的又是阶段性的，同时还是不可逆的。新时代大学的教学改革以学生需求为中心，就是在教学改革过程中，要着眼于促进学生发展。新时代大学的教学改革指向学生的发展，就是要从学生当前的发展状态出发，尊重学生的发展规律和成长特点，以促进学生长远发展为目的，关注学生的整个成长过程；要了解学生在大学阶段发展的基本状态是什么，需要发展的内容有哪些，从而更好地实施因材施教，推进大学生的健康发展。新时代大学的教学改革，就是要在认识和挖掘大学生发展规律方面取得较大的创新和突破，依据新时代大学生的发展状况和发展规律，因时制宜地制订改革方案，从而牢牢把握改革的关键发力点。

（二）教学改革要指向学生学习

学生的学习是教学活动的核心环节，教学改革以学生需求为中心，就必须以学生的学习为中心。满足学生的发展需求，最终要通过学生的学习来实现，只有在学习中学生的发展和提高才会成为可能。新时代大学的教学改革注重学生的学习，第一，要满足学生学习的需要。新时代大学生的学习需要是多方面的、立体化的，但总结起来就是成人的需要和成才的需要。学生的学习需要是新时代大学教学改革的出发点。第二，要遵循学生的学习规律。现代心理学的研究表明，人的学习活动有其自身的规律。建构主义学习理论认为，学习是自主构建、相互作用和不断生成的过程。在学习活动中，学生是学习过程的重要创造者，必

---

① 刘献君．论“以学生为中心”[J]．高等教育研究，2012(8)：1－6．

须充分发挥学生的自主能动性。另外，学生学习的场域也在发生深刻变化。整个学校环境都会对学生的学习产生整体的和潜移默化的影响，而不仅仅局限于课堂。因此，新时代大学的教学改革必然涉及其他方面工作的同步改革，从制度构建上营造有利于和服务于学生学习的整体氛围。

（三）教学改革要指向学习效果

现代教学论研究充分表明，教学效果的呈现具有非决定性和非线性的特点，教师教授和学生学习之间并非直接的决定关系。学生的学习效果是信息进入大脑之后，经过内化和转化而生成的知识结构、价值体系和情感态度的总和。影响这一生成过程的因素很多。因此，教学效果的评价必须聚焦于学习效果的体现，教学评价的核心目的也指向了解学生的学习效果。新时代大学的教学改革，特别是教学评价改革，必须聚焦到学生的学习效果上，评价的结果要及时反馈给教师，让教师发现问题、改进教学，从而不断提高教学效果。关注学生学习效果和为学生学习提供反馈是新时代大学教学改革贯彻以学生需求为中心的必然要求，有利于帮助学生及时调整学习进程，有利于帮助教师及时调整教学策略，有利于保障改革目标的顺利实现。

二、以求真务实为核心的教学改革原则

以求真务实的态度推进新时代大学教学改革，是马克思主义世界观和方法论的本质要求。求真就是要实事求是，不断认识事物的本质和掌握事物的发展规律；务实就是要以发现的本质与规律去指导实践和开展工作。新时代大学以求真务实为核心的教学改革导向，具体需要体现和落实到科学的发展观、正确的教学观、精准的质量观和规范的管理观等方面。①

（一）以科学的发展观体现求真务实的教学改革导向

科学的发展观以高效发展为前提，以协调发展为原则，以持续发展为根本，以人的全面发展为追求。高效发展是新时代大学教学改革的重要前提。新时代是我国高等教育改革与发展的重要战略机遇期，是形成“体系完整、布局合理、发展均衡”的现代高等教育体系的攻坚阶段。新时代大学必须紧紧抓住如此关键

① 丁东澜．以求真务实的精神推进教学改革[J]．杭州师范学院学报(社会科学版)，2004(5)：107－110.

的发展时期，科学谋划发展战略，高效推进教学改革。坚持协调发展是新时代大学教学改革的首要原则。新时代大学的协调发展是多方面的有机结合，包括规模与结构的协调、数量与质量的协调、教学与科研的协调等。教学改革以促进协调发展为原则，维护和发展大学的生态系统，为新时代大学的可持续发展打下坚实基础。可持续发展是新时代大学教学改革的根本。新时代大学的可持续发展建立在学科专业布局与经济社会发展的协调性和人才培养与社会需求的适应性的基础上。新时代大学的教学改革不能脱离时代发展的现实水平和现实需求，必须切实保证学校的可持续发展之道，否则就容易陷入难以为继的局面。人的全面发展是新时代大学教学改革的本质和核心，也是其目标和追求。发展的本质是为了人民，是要着眼于满足人民日益增长的物质和精神需求，特别是人自身发展需求的不断满足。新时代大学作为高级专门人才的培养机构，要依据人的全面发展的需要和规律，科学制订人才培养方案、优化培养过程、严格考核评价、规范教学管理，更好地促进新时代大学生的全面发展。

（二）以正确的教学观体现求真务实的教学改革导向

大学教学有其独特的价值和特征，一般而言它是高深学问的选择、传递和创新过程，是具有明确的专业性和目的性的交流过程，是具有较强的独立性和创造性的活动，是与科学研究紧密结合的过程。大学教学的独特性要求新时代大学必须以正确的教学观引领教学改革。求真务实的教学改革导向，必然要追求对教育教学规律和学生成长规律的认识和把握，必然要把握推进教学改革和促进学生全面发展之达成度的平衡。具体而言，就是在改革过程中要特别注重处理好教师施教与学生求学的关系，处理好教学理论与教学实践的关系，处理好统一要求与个性发展的关系，处理好专业教育与通识教育的关系，处理好科学研究与教学投入的关系。

（三）以精准的质量观体现求真务实的教学改革导向

进入新时代，高等教育的质量观也必须与时俱进，不断丰富和发展其时代内涵。在推进新时代大学教学改革过程中，必须时刻把握具有时代性的、精准的教学质量观。第一，新时代精准的教学质量观是全面的教学质量观，它要求教学过程要涵盖德、智、体、美、劳等诸方面，充分体现社会主义大学的本质特点。第二，新时代精准的教学质量观是多样化的教学质量观，它反映每所大学不同的培养目标和具体要求。世界高等教育会议指出，高等学校质量是一个多层面的概念，要考虑多样性，避免用一个统一的尺度测量不同的高等教育的质量。[①] 不同层次和不同类型的大学共同构成了新时代我国高等教育的生态系统，各有其存在的价值和意义，它们的人才培养目标和质量规格也必然各不相同。在此情况下，多样化的教学质量观就更具有时代意义。

（四）以规范的管理观体现求真务实的教学改革导向

"向管理要质量，向管理要效益"的理念，是被现代企业的改革和运作所证明的卓有成效的方略。但是，该理念在高等学校中引起的重视和发挥的功效不及其他领域。有学者指出："中国高校与外国一些大学的主要差距之一，就是管理。当前高教领域在管理方面存在的主要问题，一是不敢严格要求，上级不敢严格要求下级，老师不敢严格要求学生；二是事业心、责任心不强，一些教育行政部门和高校领导，精力上、时间上对管理工作投入不够，没有完全负起责任；三是管理思想、管理手段、管理方法落后，适应不了不断变化的形势。"[②]进入新时代，大学教学管理工作所面临的形势已发生巨大变化，对教学管理工作提出的挑战也是前所未有的。因此，加强和改进教学管理，是新时代大学教学改革需要浓墨着笔之处。以求真务实的态度推进教学改革，要求新时代大学必须高高举起规范管理的旗帜，唱响质量效益的主旋律，树立规范的现代教育教学管理新理念。第一，规范化管理要体现依法治教的理念。依据相关法律法规和大学章程，制订和完善学校教学管理规章制度，切实做到管理有章可循。第二，规范化管理要体现管理即服务的理念。管理就是服务，在服务中管理，是现代管理理念的核心和目标追求。第三，规范化管理要体现与时俱进的理念。充分发挥和依靠现代化的管理手段，是新时代大学教学规范管理的重要支撑。

三、以因校制宜为重心的教学改革原则

新时代大学是推进教学改革的主体，是改革的具体决策者、规划者和受益者。新时代大学必须从学校的发展实际出发，因校制宜地出台改革的顶层设计和具体方案。因校制宜地推进新时代大学的教学改革，必须坚持问题导向，找准本校教育教学实践中存在的主要矛盾，分层分类、分批分段实施教学改革；必须

---

① 潘懋元. 新时期中国高等教育的质量战略[J]. 中国大学教学，2004(1)：4－8.

② 张保庆. 树立科学的发展观，确保高等教育持续健康发展[J]. 中国高等教育，2003(10)：3－9.

整体设计改革方案，将改革放到学校发展的大局中进行审视，追求改革的系统性和集成度，最大程度释放教学改革带来的红利；必须建立自我评价机制，切实激发学校内部的改革创新活力，推动刀刃向内的自我革命不断走向深化。中国特色社会主义进入新时代，这是改革创新大显身手的时代，也是新时代大学推进教学改革的有利时机。创新决定未来，改革关乎国运；改革不停歇，创新不止步。新时代大学必须抓住改革红利期，因校制宜地选择改革路向，助力改革取得新突破。

（一）坚持问题导向

以因校制宜为重心的教学改革路向，强调要坚持问题导向。问题是时代的声音，问题是改革的缘起。坚持问题导向，是坚持马克思主义世界观和方法论的本质要求，是全面深化新时代大学教学改革的必由路径。新时代大学的教学改革，必须聚焦本校教育教学的薄弱环节和主要问题，确定改革的重点领域和先后次序，明确重点和难点，在关键和优先领域精准发力。坚持问题导向，必须具有直面和正视问题的勇气。推进新时代大学教学改革，最大的问题就是不正视问题的存在、不承认问题的严重、不分析问题的原因、不研究问题的解决方法。只要始终坚持问题导向，新时代大学的教学改革就能够做到始终奔着问题去，时刻跟着问题走，把改革的精力集中到破除体制机制障碍和调整利益格局上。坚持问题导向，还要有解决问题的能力和智慧。解决问题是前进的动力和创新的支点。新时代大学在推进教学改革过程中，要提高问题辨别的敏锐性，增强问题分析的深刻性，强化问题判断的准确性，切实找准教学改革的主攻区和发力点，不断提高改革举措的针对性和有效性。

（二）注重整体设计改革方案

以因校制宜为重心的教学改革路向，强调要整体设计改革方案。新时代大学的教学改革要追求系统性、协同性和集成度，要坚持系统规划和全面考虑。新时代大学教学改革的系统思维要求将系统优化作为评价改革成效的核心指标，将科学处理整体与局部、结构与功能等方面的关系作为推进改革的指导原则。要把学校自身状况、高等教育发展趋势和区域经济社会发展常态等作为一个整体的生态系统来规划和设计改革方案，统筹考虑教学改革涉及的各个方面，兼顾考虑教学改革的前后时序。整体设计改革方案，一是要求新时代大学完成对自身改革的系统设计。具体而言，就是要协调处理不同学科之间的关系，协调处理不同院(部、系)之间的关系,协调处理主体作用发挥与支撑条件建设的关系,协调处理顶层设计与基层创造的关系,协调处理整体绩效与个体活力的关系,协调处理国际战略与中国特色的关系,积极寻求实现学校内部的协同增效。二是要求新时代大学完成对改革时序的统筹兼顾。继承历史、立足当前是新时代大学推进教学改革的基础和前提,着眼未来、推陈出新是新时代大学推进教学改革的目标和战略。为了推动高等教育现代化进程的加快和民族复兴大业的实现,必须将改革方案置于更为宏观的背景和更为长远的未来中进行设计,充分发挥我国高等教育的后发优势,争取实现新时代大学在争创世界一流中的跨越式发展。因此,新时代大学的整体教学改革必须基于自身未来相当长一段时间内的发展愿景,按路线图和时间表来推动改革方案的落实。

(三)建立完善自我评价机制

以因校制宜为重心的教学改革路向,强调要建立完善自我评价机制。由于各高等学校的发展实际不同、目标定位各异,评价新时代大学教学改革的实效不能仅仅依靠外部评价体系,大学内部的自我评价机制应当是最适切的评价手段。新时代大学在推进教学改革的过程中,要特别强调自我评价体制机制建立和完善的重要性。加快推进高等学校建立自律、自查、自纠的教学质量评价体系,通过对自身改革成效进行有效评价、合理归因,切实激发新时代大学内部的创新活力,真正将改革向纵深推进。

第三章　新时代大学人才培养模式与专业综合改革

党的十九大报告中提出"加快一流大学和一流学科建设,实现高等教育内涵式发展",这意味着我国高等教育强国建设进入新时代。在"双一流"建设进程中,只有培养出一流人才的高校,才能成为一流大学。新时代高等教育必须以人才培养为中心,以提升质量为核心,落实立德树人根本任务。新时代大学要重视人才培养,回归育人本位,不断更新人才培养观念,创新人才培养模式,以专业综合改革为统领,不断优化专业结构,适时修订人才培养方案,加强课程建设,完善实践教学体系,着力培养德、智、体、美、劳全面发展的社会主义建设者和接班人。

第一节 新时代大学人才培养模式的改革

“人才培养模式”是从20世纪90年代中期开始在我国普遍使用的一个新概念,其使用频率仅次于“素质教育”。教育行政部门首次对这一概念进行采纳是在1996年第八届全国人民代表大会第四次会议批准的《中华人民共和国国民经济和社会发展“九五”计划和2010年远景目标纲要》中。纲要中指出:“改革人才培养模式,由‘应试教育’向全面素质教育转变。”从此,人才培养模式在我国教育改革进程中被普遍使用,对人才培养模式的理论和实践研究也备受关注。人才培养是大学的基本职能,新时代大学对人才培养模式的持续探索十分重要。一方面,人才培养模式的改革直接关系到人才培养质量的提升问题;另一方面,人才培养质量又直接影响着高等教育的内涵发展问题。[①] 因此,人才培养模式改革是当前高等教育深化综合改革的重点。

一、人才培养模式的内涵及特征

当前,我国高等教育正处于内涵发展、改革攻坚的关键时期和全面提高人才培养能力、建设高等教育强国的关键阶段。进入新时代以来,高等学校办学更加聚焦人才培养,人才培养的核心地位更加牢固。为了适应新时代人才培养的新形式和新需求,人才培养模式改革成为高等教育领域面临的重要课题,如何理解和把握人才培养模式的基本内涵和主要特征是开展人才培养模式改革的前提和基础。

(一)人才培养模式的内涵

近年来,很多学者都从各自的角度提出对人才培养模式的不同认识,目前国内最全面、系统的界定有“人才培养规范说”“人才培养系统说”“教育过程总和

---

① 史秋衡.新时代中国人才培养模式还需怎样升级?[EB/OL].(2017-11-07)[2019-12-20].http://politics.rmlt.com.cn/2017/1107/502285.shtml.

说”“培养活动样式说”“教育运行方式说”“目标实现方式说”“人才培养方案说”等十种。[①] 在1998年召开的第一次全国普通高等学校本科教学工作会议上，时任教育部副部长周远清指出：“所谓人才培养模式，实际上就是人才的培养目标、培养规格和基本培养方式。”在1999年召开的第一次全国高职高专教学工作会议上，时任教育部高教司司长钟秉林对此做了具体阐述：“人才培养模式是学校为学生构建的知识、能力和素质结构，以及实现这种结构的方式，它从根本上规定了人才特征，并集中体现了教育思想观念。”

综合人才培养模式的多种概念，目前国内普遍认为，人才培养模式是指在一定的现代教育理论、教育思想指导下，按照特定的培养目标和人才规格，以相对稳定的教学内容和课程体系、管理制度和评估方式，实施人才教育的过程的总和，是教育观念、培养目标、培养规格和培养方式多层面有机结合的产物，涉及专业设置、课程设计、教学管理和质量控制等多个环节。由此可见，人才培养模式是一种过程范畴，是对培养过程的谋划、设计、建构和管理，其基本问题就是“培养什么样的人”和“怎样培养人”。准确地认识人才培养模式的概念，是进行具体培养模式设计和改革的逻辑起点。

（二）人才培养模式的特征

在设计或改革人才培养模式之前，首先要弄清楚人才培养模式的系统性、中介性、范式性、可操作性、稳定性和变革性等特征，明确教育主体应该遵循哪些基本原则。

1. 系统性

人才培养是有明确目的、按一定方向运行的复杂的系统工程，因此，系统性是人才培养模式的首要特征。人才培养模式的系统性，首先要求其内部要素之间在目标取向上具备内在的逻辑联系；同时，内部的所有要素要优化组合、合理构建、协调运转，使整体功能达到最优化。

2. 中介性

人才培养模式是教育理论与教育实践发生联系和相互转换的桥梁与媒介。在人才培养过程中，培养模式处于联结理论与应用的中介位置，使培养目标找到与培养过程“对接”的操作口，使教育理论具体化，使教育实践概括化。中介性在

---

① 董泽芳.高校人才培养模式的概念界定与要素解析[J].大学教育科学，2012(3)：30－35.

人才培养模式中的体现详见图3.1。

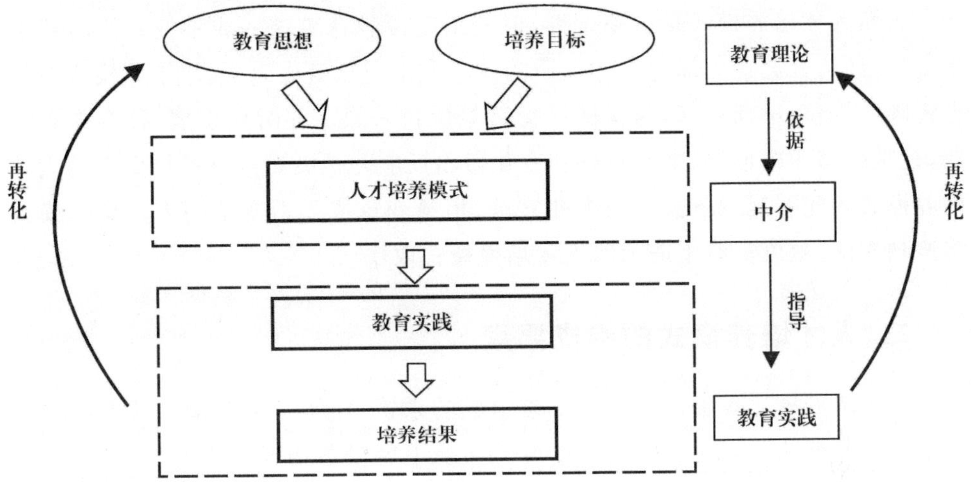

图3.1　人才培养模式的中介位置

3.范式性

人才培养模式是对一定的人才培养过程的本质的、深刻的、准确的理论概括，因而对同一类型人才的培养过程具有普遍适用的指导意义，是可以使教育主体依照的、可以收到相应教育效果的标准范式。不过，在具体的教育实践中，由于各地区的教育实际情况不同，人们很少直接采用某一种标准的人才培养模式。

4.可操作性

人才培养模式的可操作性是指其所对应的培养目标和所提出的要素形态及其结构方式应当是可以清晰辨认的，所提出的策略、方式、方法是可以准确把握和运用的，所提供的程序、步骤、环节是可以稳妥操作的，整个人才培养过程能够置于教育主体的有序、有效、有力控制之下。

5.稳定性

人才培养模式是对大量的教育实践的理论抽象与概括，揭示了人才培养活动的普遍规律，需要经过相当长的提炼过程，包括理论探讨与实验研究阶段。在一定的历史时期和教育发展阶段，一种主导的人才培养模式从萌芽、发展到成熟，这个过程不可能太短；而当它一旦形成，其影响通常会稳定地持续相当长一段时间，不会大起大落或突然消失。

6.变革性

虽然人才培养模式具有稳定性，但并不是说教育应该一成不变。当时代发生变迁，经济社会各方面对人才素质的要求发生明显变化时，人才培养模式自然也要随之变化，不断更新，与新的社会背景保持一致。在时代发展、社会变革时期，凡是能够顺应形势、主动对外部变化做出反应并积极对自身进行变革的人才培养模式才能够延续下去。而抱残守缺、拒绝变革或无力变革的人才培养模式将遭到淘汰，被更富有生命力的人才培养模式取代。

二、人才培养模式的构成要素

人才培养模式是由多个基本要素组成的系统，任何一个要素的缺失都会影响系统的完整性。人才培养模式的变化实质上就是各构成要素的变化，人才培养模式的创新也主要是对各构成要素的革新或重组。因此，要创新人才培养模式，必须认真解析人才培养模式的构成要素。从高等学校层面阐释人才培养模式的构成要素，主要包括以下八个方面。①②

（一）人才培养理念

这里的人才培养理念是指中观（高等学校）与微观（教师）层面的教育理念，也就是培养主体对人才培养的本质特征、目标价值、职能任务和活动原则等的理性认识，以及对人才培养的理想追求及其所形成的各种具体的教育观念，如质量观、师生观、教学观、科研观、活动观与评价观等。人才培养理念旨在回答“在高校层面，人才应该是怎样的”“人才应该如何培养”等问题。从哲学层面上讲，人才培养理念旨在揭示人才培养的内在逻辑与终极价值；从操作层面上讲，人才培养理念旨在指导人才培养过程，包括培养的程序与环节等的设计与构想。人才培养理念对人才培养模式要素的选择与确定都会产生极其重要的影响。

（二）专业设置模式

专业设置模式是人才培养模式的重要组成部分。专业主要是按照学科来划分的，一般可在设置口径、设置方向、设置时间、设置空间等方面进行形态变化设计。设置口径指划分专业时所规定的主干学科或主要学科基础及业务范围的覆

① 董泽芳.高校人才培养模式的概念界定与要素解析[J].大学教育科学，2012(3)：30－35.

② 龚怡祖.论大学人才培养模式[M].南京：江苏教育出版社，1999：33－65.

盖面(宽口径、厚基础)。设置方向指在设置口径之内是否分化专攻方向以及分化多少,以刚化或活化专业(如大三的就业应用方向、创业训练方向、深造基础方向等)。设置时间指专业设置的时间早晚,是一进校就确定专业,还是学习到一定阶段之后再确定专业(如大类招生、专业分流等)。设置空间指学生的专业确定之后,还有没有游移的空间和更改的可能,是否允许学生转专业、转系、转院或跨专业、跨系、跨院学习等。①

(三)课程设置方式

课程设置指学校所选定的课程类型和课程门类在各年级的安排顺序和学时分配,以及对各类各科课程的学习目标、学习内容、学习方式和学习要求的简要规定。课程设置必须符合培养目标的要求,它是学校的培养目标在课程计划中的集中表现。评价课程设置主要考虑两个方面:合理的课程结构和合理的课程内容。合理的课程结构指各门课程之间的结构合理,包括开设的课程合理,课程开设的先后顺序合理,各门课程之间衔接有序,能使学生通过课程的学习与训练获得某一专业所需的知识与能力。合理的课程内容指课程的内容安排符合知识论的规律,课程的内容能够反映学科的主要知识、主要方法论及时代发展的要求与前沿。

(四)教学制度体系

教学制度体系即狭义的人才培养制度,它是与人才培养的微观过程紧密相关的各种规章制度及其实施的体系。其核心内容有学分制、学位制、导师制、实习制、分流制度、日常教学管理制度等,这些制度又自成一定的体系。学分制经历了从自由学分制向限制学分制的演进。目前,发展比较成熟的学分制主要有学年学分制和完全学分制两类,具体包括选课制度、弹性学制、导师制、绩点制等。学位制又包括双学位制、主辅修制、“本硕连读”制等,为不同类型的学生提供多种学习选择。

(五)教学组织形式

教学组织形式是教学活动过程中教师和学生的组织方式及教学时间和空间的安排方式。不同的教学组织形式会对学生知识的获得、智力的形成与人格的

---

① 龚怡祖.大学专业设置模式探析[J].教育发展研究,2001(11):72—73.

提升产生不同的影响。18世纪初起源于德国的一种名为“习明纳”的教学组织形式，重视教师向学生提出问题或鼓励学生自己发现问题，然后指导学生自己解决问题。教学过程是以学生探讨为主的双向、多向的交流过程，充分体现学生的主体地位。这种教学组织形式在培养学生独立思考能力和创新能力，以及增长学生知识、活跃课堂氛围方面的作用得到了世界的公认。我国高等学校传统课堂教学组织形式的主要特征是强调书本知识中心、课堂中心和教师中心；教学重在知识灌输，课堂完全由教师主宰，教学方式主要是“满堂灌”；学生处于接受知识的被动地位，学习能力和创新能力的发展受到了极大的限制。近年来，我国许多高等学校兴起的以学生自由选题、自主探究和自由创造为宗旨的研究型教学形式，注重突出学生在学习、研究和探索中的主体地位，在培养学生的学习能力、实践能力和创新能力等方面的成效也日益显现。

（六）教学管理模式

教学管理模式是在一定的教学思想、教学理论、学习理论、管理理论指导下对教学过程进行组织管理的手段与方法。我国高等学校传统的教学管理模式是在国家计划经济体制下形成的行政型教学管理模式，它更多地强调按照行政法规和既定的规范程序实行教学管理，具有集中统一、有章可循、易于操作的特点，可以避免政出多门、任意行事，在我国教育发展史上起过非常重要的作用。随着时代的发展，其弊端也日益显现，与高等学校在确立师生的教学主体地位、推进教学的民主化进程、培养创新型个性化现代高素质人才等方面的要求不适应。新时代大学要提高教学管理水平，培养创新人才，提升人才培养质量，教学管理模式也应随之不断创新、与时俱进，突出以人为本，突出培养目标，突出尊重学术。

（七）隐性课程形式

课程是学生在学校期间所习得的一切文化总和。课程可分为显性课程与隐性课程两类。显性课程指有教学计划、课程大纲、教学目标，有教材为依托的课程，即人才培养方案中规定了学时学分的课程；隐性课程指在学校中除正规课程之外所要学习的一切东西，是学校经验中隐蔽的、无意识的或未被完全认可的那部分经验①，即我们通常所说的校园文化。大学隐性课程具有普遍性、隐蔽性、

① 江山野.简明国际教育百科全书·课程[M].北京：教育科学出版社，1991：92.

暗示性、非计划性、无意识性、不确定性、感染性、长效性等特点。隐性课程在很大程度上决定着学习者的价值感和尊严感，并具有兴趣上的激发功能、认知上的导向功能、情感上的陶冶功能、意志上的磨炼功能与行为上的规范功能。学校之间的隐性课程形式的差别很大，大学的特色之一就在于其是否形成独特的、高质量的隐性课程。隐性课程是内隐的，但并非是盲目的，它可以由教育主体站在教学与非教学的维度上，从规划性和自发性两方面去着意构建和营造。

（八）教学评价方式

教学评价是依据一定的标准对人才培养过程及其质量与效益做出客观的判断与评价。它是人才培养过程中的重要环节，也是检验人才培养效果的有效形式和对师生进行激励的重要手段。教学评价涉及中观的对办学的评价和微观的对教学中教与学的评价两个层面。无论是在中观层次上还是在微观层次上，目前在教学评价上存在的问题主要表现为：第一，在评价的范围上，重结果评价，轻过程评价；第二，在评价的目的上，重鉴别、选拔与淘汰，轻反馈、调控与持续改进；第三，在评价的依据上，重考试的分数，轻创造性思维与实践能力；第四，在评价的方法与手段上，重考试，轻多样化的评价方法与手段。这种评价方式限制了师生教与学的自主选择权，束缚了人的个性自由发展，更不能很好地适应培养创新人才的要求。更新评价理念，从单一评价向多元评价发展，是培养创新人才对评价方式创新的必然要求。

三、新时代大学人才培养模式的典型示例

教育部联合中央政法委、科技部等相关部委局出台的“六卓越一拔尖”计划 2.0 提出，要适应社会和行业发展需求，分类推进人才培养模式改革。其实质是为了使人才培养模式中的诸要素更加协调，以提高人才培养质量与人才培养目标的符合度。至于人才培养的结果，则需要根据社会需求的变化、与时俱进的教育思想以及专业培养目标对其做出评价，找出不足，从而启动新一轮的人才培养模式改革。因此，各高校之间、高校内部各专业之间根据社会需求和自身实际，改革并创新了多种人才培养模式。新时代比较典型的人才培养模式有以下几种。

（一）大类招生培养模式

大类招生培养模式，即“大类招生、专业分流”人才培养模式，是指高等学校

将具有相同或相近的学科门类，通过院系的专业合并，按一个大类进行招生的人才培养模式。该人才培养模式下，大学生在本科阶段前两三个学期统一学习基础课，之后进行专业分流。该模式最早源于北京大学的“元培计划”，是为了探索21世纪中国综合性研究型大学的人才培养新模式，培养适应时代发展需要、具有国际视野和国际竞争能力的高素质创造型人才而实施的一项本科教育教学改革计划，即在低年级实施通识基础教育，在高年级实施专业教育。目前，已经有50%以上的“211工程”高等院校开始试点实施大类招生培养模式。这种新型人才选拔与培养模式，力图打破传统的专业和学科壁垒，在高等学校本科教育中建立以素质教育为导向的学科网络体系。[①]

大类招生在一定程度解决了考生填报专业的盲目性，为学生入校后深入了解学校和专业提供了时间和空间；同时，拓展了学生的专业基础，丰富了学生的知识结构，有利于培养学生的人文素质和科学素养，有助于增强学生的创新精神和实践能力。大类培养是在大类招生的基础上，低年级时按照学科培养要求，在学科范围内共同实施基础性课程的学习，取得相应学分；高年级时对学生个人意愿、学业成绩、教学资源、社会需求等因素进行综合评价，根据评价结果进行专业分流和培养。大类招生培养模式作为一种新型人才培养模式，其目的是为了加强宽口径、厚基础、重能力的素质教育，培养适应能力强、发展潜力大的复合创新人才。[②③] 新时代大学要继续推进大类招生和创新培养机制，深化人才培养模式改革，根据学科专业特点和学校实际，科学选择实施“1.5+2.5”或“2+2”的分段式培养模式，按照“拓宽专业基础，整合教学资源，注重交叉融合”的原则，实施大类培养，构建课程体系。有条件的大学还可以试点推进学部制改革，实施按学部或学院的大类招生和培养机制，充分发挥学部或学院在人才培养中的组织、协调、管理和决策等职能，进一步拓宽口径，强化学生的学科基础、专业能力和综合素质的培养。

---

① 刘竹，吴东立，齐春雷．大类招生人才培养模式改革若干思考[J]．沈阳农业大学学报（社会科学版），2015(6)：682－686．

② 万俊毅，尹然平．大类培养学生专业分流存在的问题与改进建议[J]．高等农业教育，2014(10)：47－50．

③ 荆全忠，刑鹏．大类招生模式下工商管理专业的困境、原因与对策——以中国矿业大学（北京）为例[J]．北京教育学院学报，2014(3)：46－49．

(二)拔尖创新人才培养模式

"钱学森之问"在高等教育界引起了强烈震动,引发了高等教育主管部门和无数教育工作者对高等教育人才培养问题的深入思考和不断探索。为了回答"钱学森之问",教育部联合中央组织部、财政部于2009年启动了"基础学科拔尖学生培养试验计划",旨在培养中国自己的学术大师。该培养模式旨在从学术上探究基础学科的人才成长规律,制定适合拔尖创新人才发展的培养模式,为创新能力较强、学科基础扎实的拔尖创新人才搭建良好的成长成才平台。实施该计划的高等学校也充分结合学校的特色与优势,将拔尖创新人才的培养理念紧密融入教育教学实践中,力争培养具有本校特色的拔尖创新人才。近年来,全国首批参与"基础学科拔尖学生培养试验计划"的11所高等学校都在基础学科拔尖创新人才培养上做出了较好的成绩,如吉林大学通过深化体制机制改革、创新人才培养方案、参照国际化培养模式,结合自身学校人才培养目标,创设学生自主学习空间;浙江大学从全国百所重点中学中选拔优秀中学生进入预科班学习,贯通本硕博培养,按照基础学科拔尖创新人才培养目标进行"塔尖培养";北京师范大学通过保送生、自主考试等方式挑选出一批"尖子生"进入"基础理科和人文学科拔尖学生培养实验班"学习。①

为了深入贯彻习近平新时代中国特色社会主义思想和党的十九大精神,全面落实全国教育大会精神,紧紧围绕全面提高人才培养能力这个核心,加快形成高水平人才培养体系,培养德、智、体、美、劳全面发展的社会主义建设者和接班人,教育部决定实施"六卓越一拔尖"计划2.0,对文、理、工、农、医、教等领域提高人才培养质量做出具体安排,明确了"六卓越一拔尖"计划2.0的总体思路、目标要求、改革任务和重点举措。在系列卓越拔尖人才教育培养计划1.0的基础上,通过拓围、增量、提质、创新,扩大了各个计划的实施范围,增强了各项改革举措的力度,提升了改革发展的质量内涵。② 新时代大学应根据教育部联合相关部门出台的"六卓越一拔尖"计划2.0系列文件精神,结合自身的学科专业发展特色与优势,健全和完善拔尖创新人才培养与管理体系,探索构建更为灵活多样的人才培养模式,试点推行"本硕、本硕博连读""2+2联合培养"等模式,形成课

---

① 张倩,张睿涵.我国高校拔尖创新人才培养模式与实践[J].继续教育研究,2015(10):91-95.

② 张晨,李澈.教育部印发"新时代高教40条",决定实施"六卓越一拔尖"计划2.0[N].中国教育报,2018-10-18.

程、专业、学科联动的人才培养机制，全面提高拔尖创新人才培养质量。

（三）产教融合人才培养模式

产教融合是企业和教育单位围绕相同使命，通过相互协作和支撑手段，实现双赢局面而构成的交叉融合。其理论结构是一套“三螺旋”分析工具模型①，即学校、政府和企业相互合作共同创新，发挥其本能和实现互助的潜在能力，使学生综合素质和能力从整体上呈现出“三螺旋”式的上升状态。许多学校把人才培养、社会需求与岗位要求紧密联系起来，引导学生参与社会活动，让学生将所学的专业知识直接运用于企业的工程实践，从而实现对知识的检验以及对当前市场需求动态的准确把握。另外，通过共建实习基地，定期组织学生在基地开展实践活动，或聘请专家走进校园与学生展开交流，帮助学生毕业后能够更快适应职场，为学生创业提供专业指导和方法支持。② 产教融合与校企合作是当前人才培养的一种基本模式。对大学而言，因经费和场地所限，在学生实践操作、企业实训平台上缺乏客观条件，推进产教融合是培养知识型、技能型、创新型大学生，完善现代教育制度的关键。对企业而言，因生产任务所限，在人才基础知识储备、多样素质培养和科研创新能力上缺少提升的契机与基础，推进产教融合、校企合作可以为其提供人才储备、技术革新等企业立足、发展的条件。高等学校和企业的合作可以使双方优势互补，合作共赢。

深化产教融合，促进教育链、人才链与产业链、创新链有机衔接，是推进我国人力资源供给侧结构性改革的迫切要求。党的十九大报告首次提出了“深化产教融合、校企合作”的重大论断。《国务院办公厅关于深化产教融合的若干意见》（国办发〔2017〕95 号）中，将产教融合上升为国家教育改革和人才资源开发的基本制度安排。这赋予了新时代大学人才培养模式改革的新使命，大学应主动顺应社会经济发展的新要求，不断拓展人才培养的新路径，构建全方位全过程深度融合的产教融合协同育人新机制，加快校企合作，推进“引企入教”和“引企入研”。高等学校应结合自身特色和学科优势，一方面，吸纳引入优秀企业参与人才培养过程，推进面向企业的教育教学供给侧改革，促进生产任务与人才培养的有机融合，完善创新创业和应用型复合人才的培养体系和培养能力；另一方面，

---

① 陆秋萍. 基于产教融合的高校“众创空间”创新探析[J]. 中国青年社会科学，2018(3)：97—103.

② 周馨维，程望斌，刘硕卿，等. 基于产教融合的人才培养策略与路径研究[J]. 电子技术，2018(12)：57—58.

积极引导和支持企业参与协同科技创新，加快基础研究成果向产业技术转化，拓展校企协同科技创新的深度和广度。

四、新时代大学人才培养模式改革的核心

人才培养作为大学的基本职能，一直备受学界和社会的广泛关注。人才培养的关键是培养模式的创新，新时代大学对人才培养模式的持续探索十分重要。目前，高等教育综合改革进入攻坚阶段，其中的首要任务就是突破传统人才培养模式的束缚，培养出适应社会发展、适应国家需求的优质人才。① 因此，高等学校必须清醒地认识新形势和新要求，聚焦人才培养模式改革的重点领域和关键环节，狠抓落实，努力实现新时代大学人才培养工作新作为。

（一）更新教育观念

教育观念决定了教育发展的高度，人才培养模式的不断创新首先需要转变观念。② 教育观念对人才培养模式的建构发挥着重要的引导和调控功能，只有首先确立科学的人才培养观念，才能形成具体合理的培养目标，并对专业设置模式、课程设置方式、教学制度体系等人才培养模式的其他构成要素进行指导和设计，形成完善的人才培养模式。③ 新时代大学建构和完善人才培养模式，要根据自身的办学定位与特色，加强对教育理念的探讨和研究，形成符合自身办学特色的人才培养观念。党和政府历来重视“培养什么人，怎样培养人”这一教育根本问题。习近平总书记在全国教育大会上明确指出，要坚持立德树人根本任务，在坚定理想信念上下功夫，在厚植爱国主义情怀上下功夫，在加强品德修养上下功夫，在增长知识见识上下功夫，在培养奋斗精神上下功夫，在增强综合素质上下功夫。“六个下功夫”的提出明确了新时代对人才的基本素质要求，是新时代人才培养工作的着力点和落脚点。

新时代大学人才培养模式的改革首先要转变教育观念，主动接受教育教学改革的新思维和新理念，以适应人才培养的新要求。一是树立以学生为中心的教育观。转变唯分数、唯智育的教育教学观念，以促进学生的发展为中心，将培

---

① 史秋衡.新时代中国人才培养模式还需怎样升级？[EB/OL].(2017-11-07)[2019-12-28].http://politics.rmlt.com.cn/2017/1107/502285.shtml.

② 唐炳.基于任务驱动下的本科创新人才培养模式探索与实践[J].教育教学论坛，2017(31)：134－135.

③ 王晓辉.一流大学个性化人才培养模式研究[D].武汉：华中师范大学，2014：182.

养全体学生的知识、能力和素质作为核心追求，从以“教”为中心向以“学”为中心转变，尊重个性，崇尚多元，为“六个下功夫”的落实、为人才培养营造良好环境。二是树立和坚持科学的人才观。尊重教育教学规律，创新教育教学方式方法，培养适应时代发展的多样化人才；尊重人才成长规律，帮助优秀学生脱颖而出，帮助特长学生充分发展，帮助有潜力的学生自主发展，不拘一格培养人才；适应社会发展需要，扎根中国大地办教育，培养社会主义建设有用之才。三是加强关于提升人才培养能力的教学改革与研究。人才培养是一项复杂的、专业的系统工程，需要有针对性的、持续的专业支持和指导，需要凝聚专业团队在课程设置、内容选择、教学组织形式、课堂教学形态和考核评价方式等方面进行长期研究，为观念的转变、人才的培养和更高水平人才培养体系的形成奠定扎实的科学基础。①

（二）明确培养规格

人才培养规格是学校对所培养出的人才质量标准的规定，指受教育者应具备的综合素质。它是学校人才培养工作的立足点和重要依据，是学校对学生培养质量要求的规范，解决各专业人才培养的方向问题。各专业人才培养规格就是按照国家教育方针、学生发展规律和社会经济行业对专业人才的需求导向，制订符合各专业培养目标的综合素质要求，是对各专业人才培养的方向和所要达到的目标的概括性描述，以及经过规定年限的学习，各专业人才在知识、能力和素质等方面要达到的基本要求。新时代大学的人才培养规格要突出“产出导向”理念，确立人才培养的长期规格和具体规格。其中，长期规格是指专业人才的培养目标，反映学生毕业后 5 年左右在社会和专业领域的发展预期；具体规格是指专业人才的毕业要求，指学生毕业时应该具备的知识、能力和素质。对接行业发展需求设计培养目标，对接职业岗位需求设计毕业要求，对接毕业要求设计课程体系与教学环节，对接课程目标“产出”应知应会，对接毕业要求“产出”学习成果，对接培养目标“产出”专业人才，构建“产出导向”的专业人才培养体系。

（三）优化课程体系

课程体系是指在一定的教育价值理念指导下，将课程的各个构成要素加以排列组合，使各个课程要素在动态过程中统一指向专业人才培养目标实现的系

① 张宁娟．“六个下功夫”：新时代人才培养的行动指南[J]．教育研究：2018(9)：17－20．

统，是人才培养的基本载体。[①] 合理设置课程并有效实施是提高人才培养质量的关键。然而，受制于资源禀赋的不足，尤其是优质师资的结构性短缺，许多高等学校的课程设置一直不同程度地存在"因人设课"及"因无人而不设课"的现象，影响了课程设置的系统性与严谨性。[②] 新时代大学课程体系构建应更加注重课程的生机活力、多层次、有选择，彰显本校特色，既要传承学校传统，符合学校实际，更要重视学校培养目标的达成；既要注重以人为本、尊重个体差异，又要体现课程设计的政治性、基础性、实践性、选择性、整合性和前沿性，体现本校课程体系与其他学校的差异性和特色性。

（四）变革课堂形态

新时代大学应以教育部"变轨超车"计划为契机，引导教师积极开展课堂教学形态变革，推动传统课堂"以教为主"的教学形态向"以学为主"转变，通过线上与线下相结合的方式延伸课堂教与学。线上，通过自主建设学习资源、引进精品在线开放课程和网络教学平台，为学生提供"人人皆学、处处可学、时时能学"的个性化、协作式线上学习支持，重在启发思维、激发智慧、培养学生主动探究与创新能力；[③]而线下，则以互动式、小班化、混合式教学为主，实施"启发式讲授、互动式交流、探究式讨论"课堂改革，积极探索"互联网＋"、云教学等新途径，广泛应用雨课堂、学习通、蓝墨云等新兴平台，激发学生的学习兴趣，提高学生的课堂参与度，引发学生的深度思考；教师通过翻转课堂、情境教学等多种教学形式，优化教学设计和课堂教学，引导学生进行学习革命，把课堂还给学生，促进学生知识内化，实现学生主动学习，培养学生的批判性思维和创造性思维，提升学生的自主学习能力，引发学生深度学习，提升课堂教学效果。

（五）强化实践教学

实践教学是培养创新型、应用型人才的重要途径，也是人才培养模式改革的重点与难点。许多大学都下大力气加强实践教学环节，优化实践教学体系，精心设计实践教学项目，创新实践教学方式和途径，加强实践教学条件建设。新时代

① 胡弼成．高等学校课程体系现代化研究[D]．厦门：厦门大学，2004：23－24．

② 蔡忠兵，罗三桂，郭碧乃．地方高校应用型人才培养方案制订的路径选择[J]．中国大学教学，2013(10)：65－67．

③ 唐毅谦，叶安胜，陈烈．基于创客教育理念重构应用型人才培养模式[J]．中国大学教学，2018(8)：28．

大学应着眼于实践教学的育人功能，将实践教学深化为实践育人，加强实践育人机制建设，创新学生基层实践育人模式。更加注重按照社会需求塑造学生的能力，培养和训练学生的表达沟通能力、实践操作能力、团队合作能力、科学思维能力、创新创业能力，提高学生发现问题、分析问题、创设问题、解决复杂问题的综合能力，以适应未来社会的挑战和变化。系统设计实践育人教育教学体系，分类制订实践教学标准，增大实践教学比重，整合校内外实践教学资源，建设实践育人基地。加强实践教师队伍建设，提高教师实践教学能力。推进"双师型"教师培养，实施中青年教师到实务部门挂职锻炼制度。大力推动产学研结合、校企合作，与行业、企业加强合作，共建实践教育基地，聘请行业专家做兼职教师，建立校企双导师制。鼓励学生到企业顶岗实习。

（六）改革评价机制

如何发挥评价在人才培养中的导向作用，一直是评价制度改革需要攻克的难题。新时代大学要建立开放多元的评价体系，鼓励教师潜心教书育人、学生刻苦学习。坚决克服唯分数、唯升学、唯文凭、唯论文、唯学历的痼疾，改革宏观层面的人才评价和选人用人制度，根据学校实际制订多样化的教学评价标准，自主开展教育质量评价和教学诊断活动。坚持以师德师风作为教师素质评价的第一标准，把教学质量作为教师专业技术职务评聘、绩效考核的重要依据，多维度全方位考核教学规范、课堂教学效果；加强学生学习过程评价。加强考试管理，严格过程考核，加大过程考核成绩在课程总成绩中的比重。健全能力与知识考核并重的多元化学业考核评价体系，完善学生学习过程监测、评估与反馈机制。综合应用笔试、口试、非标准答案考试等多种形式，全面考核学生对知识的掌握与运用情况，以考辅教、以考促学，激发学生主动学习、刻苦学习。通过评价体系的改革，让学校和教师把主要精力放在立德树人这个根本问题上，放在"六个下功夫"的落实上，为人才培养营造良好环境。

第二节 新时代大学专业结构的调整

专业是人才培养的基本单元，是建设高水平本科教育、培养一流人才的"四梁八柱"。新时代大学专业建设以专业综合改革为统领，而专业综合改革的首要任务是专业结构的调整与优化。专业结构集中反映了一定时期科技进步、经济发展、文化进步、社会分工对高级专门人才种类、层次、规格的要求以及对人才知识、能力、素质的要求。因此，科学设置专业，合理调整专业结构是适应国家和区域经济社会发展战略的迫切需求，也是地方产业结构升级转型的内在需求，更是高等学校自身建设与发展的必然要求，是新时代大学专业综合改革的核心任务。

一、专业结构的内涵

专业结构是指专业类型以及各专业之间的组合方式，反映了一所学校的人才培养与市场需求、经济社会发展的适应程度。专业结构是否合理主要体现在专业设置和布局上。专业结构与布局合理主要体现为学校的专业设置和布局要适应社会经济和科学技术发展的需要，符合学校自身的办学条件，有相应的学科作为支撑，有对行业或地区有影响的优势专业。专业的设置是人类社会经济与文化活动日益分化的结果，高等学校在专业结构上必须随着经济社会的发展而不断进行调整，使自己培养出来的学生能够独立从事专门的经济社会活动。专业结构可以从外延与内涵两个方面进行考察。①②

（一）专业结构的外延

专业结构的外延是指专业总体结构，是对经济社会发展需要的一种外在形态的适应，主要包括专业设置的数量、专业布局与学科的关系、不同专业之间的配置比例、专业口径以及专业布局等形态。专业总体结构的优化主要体现为本

---

① 俞曙霞，等. 地方综合大学专业结构优化[M]. 南宁：广西人民出版社，1996：2.

② 姜又春，杨吉兴. 论新增地方本科院校专业结构调整的现状与原则——以怀化学院为例[J]. 当代教育论坛，2009(6)：31－33.

科专业科类结构优化。科类结构是否合理主要体现为高等教育培养的各科类专门人才的比例是否适应国家的经济建设和社会发展的要求。

（二）专业结构的内涵

专业结构的内涵是指专业建设内在各要素之间的组合方式，主要体现在专业培养目标、指导思想、人才培养方案、人才培养模式、课程教材建设、实践教学建设以及师资队伍建设等方面，其最终结果体现在用人单位对专业人才的需求程度与满意程度的关联性上。高等教育专业的内涵结构是否合理，主要是指高等教育培养的各种专门人才的知识结构、能力结构和综合素质是否适应国家的经济建设和社会发展的需求。

二、新时代大学专业结构调整的基本原则

新时代大学专业结构调整是一项系统工程，应根据经济社会发展和高等学校实际，遵循科学合理的原则进行，坚持适应性、前瞻性、可行性、特色化和系统化五项基本原则。

（一）适应性

所谓适应性，就是专业设置和结构调整要适应国家的战略发展需求、区域经济产业结构和自身办学定位。适应性原则需要学校对自身所在区域及周边地区的市场培育与发展做出科学的调查分析，对地方经济社会发展所需要的人才做出客观预测，在进行科学分类的基础上，对已有专业做出适时的结构调整，并增设新专业以弥补专业人才结构性缺失的不足。

（二）前瞻性

所谓前瞻性，就是要用超前的眼光来思考专业结构的调整工作，即专业设置和结构调整要与经济社会和科学技术的发展同步，专业的发展能够引领并促进经济和社会的发展。社会经济发展对人才的需求是专业结构调整的首要依据，高等学校必须根据经济、社会和科技的发展来合理设置专业，并根据市场的变化及时调整专业结构，避免专业设置的功利性、盲目性和趋同性，形成具有高等学校自身特色的一流专业，才会激发大学在新时代办学的生机和活力。

（三）可行性

所谓可行性，是指专业设置和结构调整要与学校自身的办学条件相适应，有

保障专业顺利开展的基础条件和教学资源。办学条件是指学校必须具备的教育资源,如师资队伍、图书资料、实验设备、教学用房、运动场馆等支撑教育活动正常开展的前提条件,它是保证各专业教学质量的重要条件。专业设置不仅要看学校发展的需要和经济社会发展对人才的需求,更要看学校是否具备新专业开办的条件,要对学生负责,不能盲目增设新专业。

(四)特色化

所谓特色化,是指专业设置和专业布局要充分体现学校的学科优势和办学特色,办出彰显学校特色和体现学校传统的特色专业。学校在设置专业时应发挥自身优势,在专业类型、目标定位、课程体系、教学活动等方面与众不同,做到"人无我有,人有我精,众有我新"。学校既要明确自身的优势所在,又要对同类院校的专业情况和人才需求态势做全面了解,在分析自身优势与不足、兼顾行业与区域需求的基础上,从自身的优势和当前社会需求中寻找特色,确定专业定位。

(五)系统化

所谓系统化,是指专业设置和结构调整应充分考虑专业之间的关联度,形成各类专业相互兼顾、相互补充的专业结构状态。第一,专业之间应形成紧密联系的专业群,充分利用办学资源,实现学科交融、结构优化,提升办学质量;第二,一般专业、优势专业和特色专业要齐头并进,在重点抓好优势专业、特色专业建设的同时,不能忽略一般专业的内涵建设;第三,基础专业与应用专业、传统专业和新兴专业应同时兼顾。专业结构调整不是一味地求新求高,而是根据社会的实际需要对原有专业进行合理改造,适当增加新兴专业;积极改造办学成熟、历史悠久的传统专业,提升专业内涵和竞争力,使其成为学校特色专业、优势专业建设的重要依托。

三、新时代大学专业结构调整的主要依据

高等学校专业结构调整必须遵循高等教育发展规律,正确处理专业设置"需要"与"可能"之间的关系,在教育行政主管部门的宏观指导下,根据国家重大战略需求、区域经济社会发展需求、国家及行业标准、学校办学定位和特色以及专业人才培养质量等进行。

(一)国家重大战略需求

专业结构调整要面向国家重大战略需求。高等学校培养的专业人才结构要满足国家战略发展对各类人才的需求,人才培养目标要与国家的重大战略发展需求同频共振。新时代大学的专业结构调整要依据国家重大战略需求,包括创新驱动发展战略、“一带一路”倡议、中国制造 2025 战略、乡村振兴战略、创建中国特色中国气派中国风格的哲学社会科学等。例如,面向国家创新驱动发展战略,需要培养人工智能、大数据、智能科学与技术方面的专业人才;随着“一带一路”倡议的展开,需要培养相关的外语人才、外贸人才、工程技术人才;面向中国制造 2025 战略,需要培养相关的工科类人才;面向乡村振兴战略,需要培养相关的农科类人才。新时代大学要面向国家重大战略需求和科技发展前沿,开展对有关问题的深入研究,主动调整优化学科结构,在原有专业基础上做加法,即增加一些急需或面向未来的学科专业,或利用现代信息技术改造或升级传统专业,大力发展新工科、新医科、新农科、新文科等示范性本科专业,引领带动高等学校优化专业结构,促进专业内涵建设,提升专业核心竞争力,形成高水平人才培养体系。

(二)区域经济社会发展需求

专业结构调整要面向区域经济社会发展需求。高等学校的专业结构调整与优化要主动适应本地区经济建设与社会发展的需要,满足区域经济社会发展对人才的需求。一方面,服务地方经济是高等教育的重要职能之一,主要是通过高等学校专业人才的培养为区域经济社会发展服务来体现的,高等教育与经济(特别是区域经济)是互动发展的,高等教育以其对人才的培养和对知识、技术的创新等对区域经济发展起着推动作用。新时代大学只有以市场为导向布局专业结构,才能培养出对社会有用的人才,才能保证高等教育对社会的有效供给,才能为地方经济社会发展服务。① 另一方面,各高等学校所处的地域经济社会发展程度和行业分布具有显著的差异性。新时代大学的专业结构调整应立足地域经济和文化特色,注重发展与地域经济社会需求相匹配的特色专业,服务好地域经济社会发展,促进专业多样性协同发展。同时,新时代大学的专业结构调整不仅

---

① 杜才平,张明龙,等.地方性高校专业结构调整研究——以台州学院为例[M].北京:知识产权出版社,2010:8.

要适应当下经济社会发展对专业人才的需求，适时调整专业结构和内涵，还要有引领未来发展的超前意识，站在未来经济社会发展的战略高度，规划设置专业、布局专业结构和培养储备人才，引领区域经济社会未来的发展走向。①

（三）国家及行业标准

专业结构调整要面向国家及行业标准。高等学校的专业结构调整要以国家和行业的各项标准为依据，包括《普通高等学校本科专业类教学质量国家标准》（以下简称《国标》）和各类教育的专业认证标准、行业标准、岗位标准、课程标准等。2018 年，教育部公布了《国标》，该标准是我国发布的第一个高等教育教学质量国家标准，涵盖了普通高等学校本科专业目录中全部 92 个本科专业类、587 个专业，涉及全国高等学校 56 000 多个专业点。教育部明确要求，让"教指委"用起来，让高等学校动起来，让《国标》成为保基础、保底线、保合格的标准。新时代大学的专业结构调整首先要以《国标》为基本依据，新设置的专业要坚持标准导向，依据标准设置专业，确保新设置的专业达到《国标》的基本要求，对不符合《国标》要求的专业要及时预警提醒。除《国标》外，目前教育部正在大力推进各类教育专业认证工作，并针对具体专业类制定了专业认证标准，如工程教育专业认证标准、师范类专业认证标准、农林类专业认证标准等。新时代大学要积极推进各类专业认证工作，按照专业认证标准开展专业建设工作。同时，还要对照各专业类的行业标准、岗位标准和课程标准开展专业建设，对不符合标准的专业进行动态调整。

（四）学校办学定位和特色

专业结构调整要面向学校办学定位和特色。高等学校的专业结构和类型要与学校自身的分类和属性相匹配，专业的设置要符合学校的发展战略和专业规划。新时代大学要在明确自身办学定位的基础上加强专业建设与发展规划，以形成自身的专业特色与优势。一方面，专业结构要与学校的发展定位相匹配，不能一味地追求专业的齐全、学科门类的完整和专业数额的递增，如一所将"地方性"或"应用性"确立为办学定位的地方高等学校，不宜设置单纯理论研究的专业，如哲学、宗教学、政治学等专业；一个以主持、播音、表演为特色的传媒类大学，不宜设置理工科类专业。另一方面，学校要按照自身办学定位和办学特色合

① 张德祥，王晓玲．高等学校专业动态调整的三重逻辑[J]．教育研究，2019(3)：99－106．

理增设专业，与其他同类型大学之间实现“错位竞争”，充分利用和发挥自身的区位优势，针对区域内特色行业的特殊需求，通过“点面结合”的方式进行专业设置和专业建设，形成“人无我有”和“人有我强”的专业结构，逐步培育和形成具有区域个性的专业品牌和专业特色。

（五）专业人才培养质量

专业结构调整要面向专业人才培养质量。高等学校的专业结构应基于专业毕业生的就业率、就业的专业对口率、学生及用人单位满意度、培养目标达成度等人才培养质量状况实施动态调整。对于就业率低、毕业生及用人单位满意度低、培养目标达成度低的专业应适当做“减法”。人才培养是新时代大学的根本职能，专业人才培养质量的高低是专业结构调整的重要依据。具体专业的人才培养水平在短时期内表现在学生的就业率、对口专业就业率、用人单位满意度、培养目标达成度、专业排名等显性指标上。这些显性指标反映了专业人才在劳动力市场上的受欢迎程度和市场需求度。新时代大学的专业结构调整要以专业人才培养质量为依据，对就业状况不好，且同区域内专业布点数过多的专业，要采取控制招生或隔年招生的办法，加强专业布点数的控制。但是，也应注意，专业动态调整不仅关涉劳动力市场供需，更与政府治理、资源配置、知识生成、自主发展等诸多方面高度相关，在专业结构调整中要避免“唯就业论”的单一化导向，以免因强化专业调整的市场化倾向而弱化政府与高等学校在学科专业动态调整过程中的责任和使命。

第三节　新时代大学人才培养方案的修订

人才培养模式必须通过一定的实践化形式才能走向教育实践，这个实践化形式就是人才培养方案。在高等学校人才培养体系中，人才培养方案是人才培养的顶层设计和实施方案，是保证学校教育教学质量和人才培养规格与特色的纲领性文件。新时代全国教育大会的隆重召开，确立了教育在党和国家事业中的基础性、先导性和全局性地位；新时代全国高等学校本科教育工作会议的胜利召开，为加快振兴本科教育、构建高水平人才培养体系、全面提高高等学校人才培养能力构建了宏伟蓝图；“新时代高教 40 条”和“六卓越一拔尖”计划 2.0 配套文件的出台，更是为高等学校人才培养工作绘制了重要的“施工图”。为了贯彻落实全国教育大会和新时代全国高等学校本科教育工作会议精神，教育部要求各高等学校首先要结合自身办学实际修订本科人才培养方案，切实把会议精神和要求落实到学校人才培养的各项工作、各个环节中。新时代大学人才培养方案修订坚持以“学生中心、产出导向、持续改进”的专业认证核心理念为指导，这不仅是贯彻落实新时代教育教学改革精神的现实需求，更是提高人才培养能力、加快建设一流本科教育的时代需求。教育部发布的我国首个高等教育教学质量国家标准，也为人才培养方案的修订提供了基本依据和参照标准。

一、人才培养方案的基本内涵

人才培养方案也称“教学计划”，是高等学校根据一定的教育思想和教育目标，规定某一专业的培养目标、人才规格、课程设置、教学安排等内容，是学校进行专业人才培养的基本依据。近年来，为了使表述更加科学规范，教育部文件中使用“人才培养方案”代替“教学计划”。[①] 人才培养方案是大学人才培养目标与理念的载体与集中体现，是联结教育理念和人才培养工作实际的纽带。[②] 作为

① 桂林. 我国高等院校学前教育专业本科生培养方案研究[D]. 重庆：西南大学，2013：4.

② 何后军，张继河. 高等农业院校人才培养方案思考集萃[M]. 南昌：江西高校出版社，2014：1.

高等学校人才培养工作的总体设计和重要纲领性文件，本科人才培养方案是安排教学内容、组织教学活动及落实人才培养过程及其他环节的基本依据，具有权威性、严肃性和稳定性，一旦确立便不能擅自更改。其制(修)订、执行和变更是高等学校最重要的教学立法和执法活动之一，必须严格按照规范和程序进行。

二、新时代大学人才培养方案修订的基本观念

目前，世界上知名度最高的专业认证制度是由美国、英国、加拿大、爱尔兰、澳大利亚和新西兰 6 国发起的针对工程教育认证的《华盛顿协议》(*Washington Accord*)①，我国于 2016 年正式加入，开启了高等教育专业认证的新时代。近年来，经过教育部的持续推动，我国专业认证已经从工程教育拓展到了师范类、经管类、医学类、农学类专业，最终将实现高等教育专业认证的全覆盖。人才培养方案是专业人才培养的依据和总纲，只有将专业认证的"学生中心、产出导向、持续改进"三大核心理念贯穿于人才培养方案修订的全过程，才能从根本上提高高等教育的人才培养质量。

(一)树立"学生中心"的教育观

教育观是人们在实践的基础上对教育的系统理性认识，支配和指导着人们的教育实践。②以学生为中心(students-entered)是专业认证的第一理念，是专业认证的基础。树立"学生中心"的教育观就是以促进学生的发展为中心，将满足学生学习需要、促进学生发展、支持学生全面成长作为核心追求，强调从以"教"为中心的传统模式向以"学"为中心的新模式转变。以学生为中心强调教学设计与教学安排要围绕培养目标和全体学生毕业要求的达成进行，教师要开展合适的教学活动引导学生进行学习，并通过科学合理的教学评价实时掌握学生的学习成效。其关键在于面向全体学生而不是个别优秀学生，包括对全体学生的知识、能力和素质的培养，定期评价所有学生的学习效果，建立覆盖面广泛的毕业生跟踪反馈机制等。

新时代大学人才培养方案的修订应坚持"学生中心"的教育观，遵循学生成长成才的规律。新时代大学在制订培养目标、毕业要求、课程体系、课程大纲等

---

① 鲍洁.专业认证:促进高校人才培养质量提升的重要途径[J].北京联合大学学报,2013(2):19－23.

② 孙绵涛.关于教育观的思考[J].教育理论与实践,1999(4):2－9.

过程中应贯彻“学生中心”的教育教学理念，以学生的学习效果和个性发展为中心开展方案设计、配置教育资源和安排教学活动，并将学生和用人单位满意度作为专业人才培养质量评价的重要依据。具体而言，一切教育教学过程都应以学生为本，包括培养目标要适应经济社会发展的需要，培养标准和毕业要求要使学生成为行业企业需要的人才，课程体系要成为培养目标和毕业要求实现的平台，教学组织形式、教师队伍建设、教育教学资源配置等都要有利于学生能力和素质的培养，所有的教育教学活动都要有利于毕业要求的达成和培养目标的实现。

（二）确立“产出导向”的培养观

产出导向教育（OBE，outcome-based education），亦称“能力导向教育”“目标导向教育”或“需求导向教育”，1981 年由美国学者斯派狄（Spady）等人提出后，很快得到了重视与认可，美国工程教育认证协会全面接受了产出导向教育理念，并将其贯穿于工程教育认证标准的始终。① “产出导向”是专业认证的核心，这里的“教育产出”是指毕业生的能力，即毕业要求，是保证培养目标实现的关键。注重教育的“产出”及其实际成效是追求教育质量的核心，这里关注的是“产出”的相对值，而不是其绝对值。教育质量的高低应表现在受教育者在接受教育前和接受教育后知识、能力和素质的“增量”上，正是这个相对值，能准确反映出教育的作用和效果。只有重视教育产出及其实际成效，才能形成教育发展的良性循环，获得更多持续的教育经费和资源投入，使教育质量的提高真正成为顺理成章之事。②

新时代大学人才培养方案的修订坚持以产出为导向，强调立足于社会需要和人的全面发展，以学生的能力为导向，聚焦学生毕业后“学到了什么”和“能做什么”，用期望全体学生获得的学习成果，即培养目标和毕业要求，反向推出所需的培养环节、课程体系、教学模式以及对应的持续改进机制，配置师资队伍和资源条件，以保证人才培养体系能够支撑毕业要求和培养目标的达成。在修订人才培养方案的具体过程中，应遵循“反向设计、正向施工”的原则。“反向设计”是指由外到内按需设计，即对接行业发展需求设计培养目标，对接职业岗位需求设计毕业要求，对接毕业要求设计课程体系与教学环节；“正向施工”是指由内到

---

① 李志义. 解析工程教育专业认证的成果导向理念[J]. 中国高等教育，2014(17)：7—10.

② 林健. 卓越工程师培养质量保障——基于工程教育认证的视角[M]. 北京：清华大学出版社，2016：29.

外适需培养，即对接课程目标“产出”应知应会，对接毕业要求“产出”学习成果，对接培养目标“产出”专业人才。

（三）建立“持续改进”的质量观

持续质量改进(CQI，continuous quality improvement)是专业认证的保障，强调聚焦学生核心知识、能力和素质要求(毕业要求)，对专业人才培养活动进行全方位、全过程的跟踪与评价，并将评价结果用于人才培养工作改进，形成“评价一反馈一改进”闭环，建立持续改进的质量保障机制，追求卓越质量文化，推动专业人才培养质量不断提升。人才培养方案改革只有不断评价和反馈教学实施效果，及时发现并修正需要改进的教学环节，对培养目标、毕业要求、课程体系、课程目标、教学环节及时改进，通过周期性评价形成持续改进的教学闭环反馈系统，才能持续地保持和提高培养质量。

新时代大学人才培养方案修订坚持“持续改进”的质量观，建立具有“评价—反馈—改进”反复循环特征的持续改进机制，从而实现“三个改进、三个符合”的功能，即能够持续地改进培养目标，以保障其始终与内、外部需求相符合；能够持续地改进毕业要求，以保障其始终与培养目标相符合；能够持续地改进课程体系及计划，以保障其始终与毕业要求相符合。不同的专业可根据其所在学校的教学质量管理体系，建立符合自身实际的持续改进机制，通过适时评价毕业要求的达成度和合理性，从而不断改进课程计划和教学活动，修正毕业要求，以实现对毕业要求的持续改进；通过适时评价培养目标的达成度和合理性，从而不断改进毕业要求，调整培养目标，以实现对培养目标的持续改进。

（四）形成“严格对标”的标准观

历时4年多，5000余名专家教授，包括50多名两院院士和知名专家参与，经过数百场研讨会和征求意见会，一套具有中国特色、世界水平的高等教育教学质量标准《国标》于新时代诞生了。“质量为王，标准先行。专业是高等学校人才培养的基本单元，有了标准才能加强引导、加强监管、加强问责。”教育部高教司司长吴岩表示，《国标》的发布与全世界重视人才培养质量的发展潮流相一致，对建设中国特色、世界水平的高等教育质量标准体系具有标志性意义。同时，吴岩司长强调，“标准为先，使用为要”“决不能让标准束之高阁或者只挂在墙上”。《国标》颁布后，各地、各相关行业部门要根据《国标》研究制订人才培养标准；各高等学校要根据《国标》修订人才培养方案，培养高质量、多样化的人才。

新时代大学人才培养方案修订坚持“严格对标”的标准观，严格对照《国标》中具体专业类的要求，特别是培养目标、培养规格和课程体系的要求，结合学校实际修订人才培养方案。除此之外，人才培养方案的修订还应对照各类教育的专业认证标准(如目前已经发布认证标准和认证方案的工程类、师范类、医学类、农科类等专业认证标准)、行业标准和岗位标准(即与专业对应的具体行业标准和学生就业的具体岗位标准)、课程标准(如师范类专业应遵循《教师教育课程标准(试行)》)等要求，制订符合本专业的培养目标、毕业要求和课程体系，使课程体系支撑毕业要求的达成、毕业要求支撑培养目标的实现。

三、新时代大学人才培养方案修订的关键

基于专业认证的“学生中心、产出导向、持续改进”三大核心理念，新时代大学将人才培养方案中的培养目标、毕业要求和课程体系三大核心要素作为修订的关键内容。

(一)制订面向社会需求的培养目标

培养目标是人才培养方案的最高一级指标，决定了人才培养方案各个环节的主要内容。在修订人才培养方案时要通过广泛调研才能确定培养目标，包括对同类高等学校、用人单位、服务行业和企业的调研，广泛向利益相关群体征求意见，包括本专业学生、教师、学院(部)教学督导、学院(部)管理人员、学校相关部门管理人员、毕业生、用人单位和学生实习实践单位、家长等利益相关方，了解国家、社会、行业等对本专业人才的需求。在调研和征求意见的基础上，充分思考学校的本科人才培养定位、专业具备的资源条件、本专业对接的社会需求和利益相关者的期望、培养的学生类型、学生毕业若干年后可服务的专业领域和职业特征、预期的职业能力和职业竞争力或成就……用明确、具体的语言完整表述本专业的目标定位和目标预期。

第一，专业应明确目标定位，即明确本专业毕业生的服务面向和人才定位。服务面向包括本专业毕业生服务的专业领域和职业特征，其中，专业领域是指毕业生可服务的领域，职业特征是指毕业生可从事哪些工作；人才定位是指本专业培养什么类型的人才。目标定位应贯彻党和国家的教育方针，满足社会需求，服务国家和区域发展战略，对接行业发展需求，符合学校办学定位，具有国际视野，体现前瞻性和引领性。第二，专业还应标明本专业学生培养的目标预期，即反映

毕业生的发展预期，对本专业毕业生在毕业后 5 年左右能够达到的职业成就进行总体描述，包括对毕业生职业能力和职业成就的预期的描述，体现专业特色和优势。其中，职业能力包括毕业生在岗位环境中应当表现的专业技能和在社会环境中应表现的职业素养；职业成就预期是毕业生未来 5 年应具备的竞争力和职业发展预期。

（二）明确支撑培养目标的毕业要求

毕业要求是学生毕业时应该达到的要求。毕业要求应根据培养目标制订，并能够支撑培养目标的实现。对于国家或行业出台了认证标准的专业，如师范类、工科类、医学类、农林类专业，必须按照认证标准中的毕业要求，结合本专业实际制订，满足“明确、公开、可衡量、覆盖、支撑”的要求，并制订毕业要求支撑培养目标的矩阵图。“明确”是指专业应当准确描述本专业的毕业要求，根据专业认证标准，并通过指标点分解明晰毕业要求的内涵。“公开”是指毕业要求应当纳入专业人才培养方案，具有固定的公开渠道，通过研讨、宣讲和解读等方式使师生知晓并具有相对一致的理解。“可衡量”包含两层含义，一是学生通过本科阶段的学习确实能够获得毕业要求指标点所描述的能力（可落实）；二是该能力可通过学生的学习成果和表现判定其是否达成（可评价）。“覆盖”是指专业制订的毕业要求在广度上应能完全覆盖认证标准规定的基本要求，毕业要求所描述的学生能力在程度上应不低于认证标准的要求。“支撑”是指专业毕业要求对学生相关能力的描述应能体现对专业培养目标定位和特色的支撑，并通过建立矩阵图体现支撑强度。

对于目前没有认证标准的专业（类），可根据本专业本科人才培养目标、社会需求以及本专业历年积累的人才培养经验，提出现阶段本专业毕业生必须具备的知识、能力和素质要求。知识是学生将来从事本专业工作及其相关领域工作必备的基础；能力是学生运用所学知识去完成工程设计、科学研究、建设与管理等工作所需的要素；素质是影响学生未来发展，使学生成为一个具有远大理想和抱负、对社会有所担当的栋梁之材所应当具备的潜质。要使毕业要求能够支撑培养目标的实现，知识、能力和素质三项要求应分解为“明确、公开、可衡量、覆盖、支撑”的指标点；同时，建立毕业要求对培养目标支撑的矩阵图，体现毕业要求对培养目标的支撑强度。

（三）建立支撑毕业要求的课程体系

课程体系是人才培养方案的基本载体，课程体系的改革应力求实现知识、能力、素质三者之间的有机结合，使各类课程紧密衔接，将理论性知识、应用性知识和技能性知识紧密结合起来。① 新时代大学在人才培养方案修订过程中，应从细化课程的形成机制及决策流程入手，明确每一门课程在人才培养方案中的地位和作用，确保每一门课程设置依据充分，课程目标及任务明确。为此，专业应建立支撑毕业要求的课程体系，以解决"课程体系如何支撑毕业要求""课程教学如何实现毕业要求"两个关键问题。

第一，专业应从全局上建立毕业要求与课程体系的矩阵图，明确两者的关系。专业可结合自身实际，决定用相应的系数或者分层线性模型（HLM）表示每门课程对各项毕业要求指标点的支撑强度。通过建立矩阵图，使整个课程体系能够支撑全部毕业要求。在课程矩阵中，每项毕业要求指标点都有合适的课程支撑，并且对支撑关系能够进行合理的解释。

第二，专业应同步修订课程大纲，通过对课程体系中每一门课程大纲的设计和落实来实现毕业要求，使每门课程能够实现其在课程体系中的作用。专业应建立产出导向的课程大纲，明确建立课程目标与相关毕业要求指标点的对应关系；课程内容与教学方式能够有效实现课程目标；课程考核与评分标准能够针对课程目标设计，考核结果能够证明课程目标的达成。

---

① 朱健，刘巨钦．改革人才培养方案 培养高素质应用型人才[J]．中国高等教育，2014(5)：59－60．

第四节　新时代大学的课程建设

课程是高等学校人才培养体系的基本单元，是专业建设的核心要素，是教育思想、教育目标和教育内容的主要载体，是深化教育教学改革和研究的关键，直接影响人才培养质量。新时代大学的课程建设应着重围绕以下几个方面展开，才能为建设一流本科教育奠定牢固的基石。

一、注重课程思政建设

习近平总书记在全国高校思想政治工作会议上指出，要用好课堂教学这个主渠道，思想政治理论课要坚持在改进中加强，提升思想政治教育的亲和力和针对性，满足学生成长发展的需求和期待。其他各门课程都要守好一段渠、种好责任田，使各类课程与思想政治理论课同向同行，形成协同效应。教育部部长陈宝生在新时代全国高等学校本科教育工作会议上特别强调了课程思政和专业思政的问题，指出“加强课程思政、专业思政十分重要，要把它提升到中国特色高等教育制度层面来认识”，要推动其他各门课程“与思政课同向同行，形成协同效应。高校要明确所有课程的育人要素和责任，推动每一位专业课老师制定开展‘课程思政’教学设计，做到课程门门有思政，教师人人讲育人”。由此，课程思政逐步在高等教育界形成共识。新时代大学的课程建设必须把育人作为根本任务，让所有课程都肩负着价值引领的责任。

何谓课程思政？用一个简单的比喻，课程好比汤，思想政治教育好比盐，没有盐的汤不鲜美，光吃盐也无法入口，只有将适量的盐加入汤，才是一份美味佳肴，才能让人们食欲大增。课程思政并不是要增开一门或几门课程，也不是简单地增设几项活动，而是将大学思想政治教育融入课程教学和改革的各环节、各方面，把思想政治教育工作体系融入学科体系、教学体系、教材体系和管理体系等高等学校育人工作的方方面面，实现立德树人、润物无声。围绕“知识传授与价值引领相结合”的课程目标，强化显性思政，细化隐性思政，实现思政寓课程，课程融思政，构建全员全过程全方位育人格局。① 新时代大学可以采用以下途径加强课程思政建设。②

（一）强化课程思政建设与管理

没有好的课程建设，课程思政的功能就会成为无源之水、无本之木。学校在课程建设、课程运行、质量评价中要注重将“价值引领”作为一个重要的监测点，从课程建设的源头、课程运行的过程和课程评价的结果上强化课程的育人功能。在人才培养方案、课程大纲等重要教学文件的审定中考量知识传授、能力提升和价值引领同步提升的实现度；在精品课程、重点课程的遴选立项、评比和验收中设置“价值引领”或者“育人功能”指标；在课程评价（学生评教、督导评课、同行听课）标准的制订中设置“育人效果”的观测点。

（二）推进课程思政教育教学改革

在教育教学改革项目中设置“课程思政”改革专项，鼓励教师以专业课为基础，在尊重课程自身建设规律的前提下，充分挖掘专业课程所蕴含的思想政治教育元素和所承载的思想政治教育功能，融入课堂教学各环节，在实现课程的知识传授、能力培养等基本功能的基础上，凸显其价值引领功能。探寻不同课程的育人功能，树立专业课程思政新理念，引导每位教师反思所授课程的知识传授是否明晰，能力提升是否落实，育人功能是否实现，并在反思中持续改进，增强课程的育人功能，实现思想政治教育与知识体系教育的有机统一，使各类课程与思想政治理论课同向同行，形成协同效应。

（三）加强课程思政教师队伍建设

课程思政理念强调所有课程都有育人功能，所有教师都有育人职责，所有课堂都是育人的主渠道。教师是教书育人的主体，也是课堂教学的第一责任人。课程思政建设主要靠教师去实施，这首先考验的是教师的育德意识和育德能力。建设一支具有自觉育德意识和较强育德能力的教师队伍，是所有课程“同向同行、协同育人”的人才资源保障。新时代大学要引导广大教师不忘立德树人初心，牢记人才培养使命，将更多精力投入教书育人工作中。通过加强教师的培训

---

① 梅强. 以点引线 以线带面——高校两类全覆盖课程思政探索与实践[J]. 中国大学教学，2018(9)：20—22，59.

② 李国娟. 课程思政建设必须牢牢把握五个关键环节[J]. 中国高等教育，2017(Z3)：28—29.

培养，利用新上岗教师培训、系主任或专业负责人培训、课程思政教育教学改革专题培训等多种渠道，切实增强教师的育人意识，培养和提升教师的育人能力，使教师养成在课程教学中主动研究、加强思想政治教育功能的自觉意识。通过搭建课程思政工作室等平台，整合思政课程教师、专业课程教师、学生辅导员和班主任队伍，组建多学科背景互相支撑、良性互动的课程教学团队，通过教师之间的“同向同行、协同育人”来保障课程之间的“同向同行、协同育人”。

（四）增强课程思政建设的主体责任意识

课程思政建设，既要求转变教育观念，也要求优化教学内容，创新教学方法。这涉及全校各类各门课程，覆盖全校所有专业，给高等学校教育教学改革方向、教学活动的组织都带来了新的问题和挑战，需要建立上下贯通、多元参与的运行机制。新时代大学党委应切实担负起主体责任，真正成为大学生思想政治教育的责任主体。大学党委书记是课程体系“同向同行、协同育人”体制机制建设的第一责任人，校长、分管思想政治教育工作的副书记、分管教学工作的副校长要切实担负起政治责任和领导责任。课程思政的建设和实施应成为高等学校各二级学院（部）内涵建设的重要内容，各二级学院（部）应明确自身在课程思政建设中的具体责任，并将其上升到提升办学水平和人才培养质量的高度来认识。

二、加强“金课”建设

当前，我国高等教育办学规模和年毕业人数已居世界首位，但规模扩张并不意味着质量和效益提升，走内涵式发展道路是我国高等教育发展的必由之路。2018 年 6 月 21 日，教育部部长陈宝生在新时代全国高等学校本科教育工作会上提出，要坚持“以本为本”，推进“四个回归”，提升大学生的学业挑战度，合理增加课程难度、拓展课程深度、扩大课程的可选择性，激发学生的学习动力和专业志趣，真正把“水课”变成有深度、有难度、有挑战度的“金课”。扭转当前存在的“玩命的中学、快乐的大学”现象，真正把内涵建设、质量提升体现在每一堂课上。2018 年 8 月发布的《教育部关于狠抓新时代全国高等学校本科教育工作会议精神落实的通知》（教高函〔2018〕8 号）中明确提出，各高校要全面梳理各门课程的教学内容，淘汰“水课”、打造“金课”，合理提升学业挑战度、增加课程难度、拓展课程深度，切实提高课程教学质量。至此，“淘汰‘水课’、打造‘金课’”被正式写入教育部文件。2018 年 11 月，教育部高等教育司司长吴岩在第十一届“中国大学教学论坛”上提出“金课”建设的“两性一度”标准，并提出要建设五大类型的“金课”，为新时代中国大学的课程建设指明了方向。

（一）“金课”的标准

教育部高等教育司司长吴岩提出了“金课”的“两性一度”标准，即高阶性、创新性、挑战度。所谓“高阶性”，就是知识、能力、素质的有机融合，主要培养学生解决复杂问题的综合能力和高级思维。“创新性”是指课程内容要具有前沿性和时代性，教学形式要具有先进性和互动性，学习结果要具有探究性和个性化。“挑战度”是指课程要有一定难度，需要跳一跳才能够得着，对老师备课和学生课下学习、交流、作业、考试等都有较高要求。在教学方式上，“金课”倡导“课堂革命”，重视师生互动交流，深入开展师生问答、质疑、辩论等，培养学生的探究精神和解决问题的能力；在教学过程上，“金课”实行课前、课中和课后的精细化、规范化管理；在教学内容上，“金课”对学生高标准、严要求，逐步加大课程难度和深度，提倡学术性探究和创新；在教学效果上，“金课”强调学生的获得感和满意度，通过高质量的课堂教学，使学生收获知识、提高能力、陶冶情操，为培养未来的社会主义建设者和接班人打下坚实基础。

（二）“金课”的类型①

新时代大学要下大力气建设五大类型的“金课”，包括线下“金课”、线上“金课”、线上线下混合式“金课”、虚拟仿真“金课”和社会实践“金课”。

1. 线下“金课”

课堂教学是“金课”的主阵地、主渠道、主战场。大学课堂教学有五重境界。第一重境界叫“silence”，课堂上很安静，老师拼命讲，学生拼命睡、拼命吃、拼命玩，就是没有拼命跟老师学习，师生互不干扰，一片祥和。第二重境界叫“answer”，老师提出一些非常简单的问题让学生回答，比如，对不对？好不好？是不是？yes or no ？这种互动跟没有互动差不多。第三重境界叫“dialogue”，师生间有情感和内容的交流，这种课是好课。第四重境界叫“critical”，课堂上有批评、质疑的声音，学生不仅和老师有互动，还能针对老师的观点提出自己的看法，甚至可能跟老师产生小争论。最高一重境界是“debate”，有争论、争辩，甚至还有争吵，老师的观点学生可以不同意，学生可以讲自己的看法。加州大学洛杉

---

① 吴岩.建设中国“金课”[J].中国大学教学，2018(12)：4—9.

矶分校的校长说，如果把资质相同的学生一分为二，一部分在“silence”的课堂上，另一部分在“critical”或者“debate”的课堂上。四年过后，前一部分学生可能是被动的、只会循规蹈矩的、只掌握已有知识的人；后一部分学生则会成为独立思考、敢于批评、敢于质疑、有创新能力与创新思维的社会需要的时代新人。新时代大学要舍得花时间、花精力、花情感、花钱，加快“dialogue”“critical”“debate”类型的课程建设，才能建成世界一流的“金课”。

2. 线上“金课”

“互联网＋教育”催生的一种新课——慕课，是有生命力、有前途、有未来的课，是有可能通过网络改变教育的课。教育部计划推出 3000 门国家级线上“金课”。大力推动在线开放课程建、用、学，是实现中国高等教育质量特别是人才培养质量“变轨超车”的关键举措。变轨超车不是弯道超车，是另辟蹊径实现超车。截至 2018 年底，我国上线慕课数量达到 8000 余门，高等学校学生和社会学习者选用人数突破 1.4 亿人次，获得慕课学分的大学生已经超过了 4300 万余人次，可供西部高等学校选用的慕课超过 65000 门次。我国不仅在建设学习型社会，还在建设学习型国家。为此，中宣部主管的立足全体中共党员、面向全社会的“学习强国”平台专门设立“学习慕课”专栏，从大学慕课中精选了 170 余门课程。在建设学习型社会、学习型政党、学习型国家的过程中，中国的大学慕课发挥了重要作用。因此，新时代大学要加快建设线上“金课”，充分利用自身师资队伍和平台优势建设线上“金课”，基础薄弱的大学要多引进优质线上“金课”，促进优质资源开放共享。

3. 线上线下混合式“金课”

线上的课线下的课，发展到一定程度，就是模糊了分界的混合课，如翻转课堂就是线上线下混合式教学的有效策略和方式，它颠覆了传统课堂教学中老师讲学生听的模式，体现的是以学生为中心的学习和教学方式的革命性转变。新时代大学要大力推广线上线下混合式“金课”，每个学校都可以建、可以用、可以学，充分应用线上“金课”进行本地化改造，探索线上“金课”的多种应用模式，打造适合本校学生特点和培养需要的“金课”。新时代大学要鼓励教师充分利用线上“金课”，结合自身教学实际和教学特色，打造越来越多的翻转课堂、混合式“金课”，如此，才能促使中国高等教育的人才培养质量实现质的飞跃。

4. 虚拟仿真“金课”

虚拟仿真是“互联网＋教育”之后的“智能＋教育”。如果说“互联网＋教育”

深刻地影响了今天的教育，那么“智能＋教育”有可能开启教育的未来。新时代大学一方面要做“互联网＋教育”，另一方面要紧紧跟踪、探索、创新“智能＋教育”。未来“互联网＋教育”“智能＋教育”将有可能成为新的教育形态。信息技术、智能技术与实验教学的深度融合破解了高等学校实验、实习、实训中的问题，解决了原先“做不到”“做不好”“做不了”“做不上”的问题。比如，部分实验项目，实景教学不可能让油田真正井喷，也不可能让原子弹真正爆炸，更不可能让学生坐火箭上天、坐潜艇入海，但是虚拟仿真可以解决。因此，新时代大学要加快建设虚拟仿真“金课”，培养学生的创新精神和实践能力。

5. 社会实践“金课”

中国“互联网＋”大学生创新创业教育大赛推出了两堂中国最大的课。一堂课是“青年红色筑梦之旅”，让学生走进中国边远的山村，走进革命老区、贫困地区，了解国情民情，助力乡村振兴和精准扶贫。另一堂课是中国“互联网＋”大学生创新创业大赛，一年有 265 万人同上这门课，产生 64 万个项目，成为全球最大最好的双创路演平台、中国最大的创新创业课。中国“互联网＋”大学生创新创业大赛已经成为深化创新创业教育改革的载体，成为促进大学生全面发展的重要平台和推动产、学、研、用结合的关键纽带。新时代大学要不断探索创新创业大赛与德育、智育、体育、美育、劳动教育相结合的路径，打造德育大平台、智育大平台、体育大平台、美育大平台、劳动教育大平台，充分发挥社会实践“金课”的作用，使学生在大学学习生活中有惊艳非凡的体验，有海阔天空的未来。

（三）“金课”的建设路径

“金课”的建设不是另搞一套，而是与时俱进，回归初心，提升质量。其建设应将专业标准、专业认证、职业需求、学生发展整合起来考虑，建设的重点应关注教学目标的达成度、教学内容的挑战性和育人目标的实现度。新时代大学可以从以下几方面着手建设“金课”。

1. 转变教学观念

新时代大学建设“金课”，首先要转变传统的教学观念，树立“以学生学习为中心，以学习结果为导向，以持续改进教学质量为目标”的新理念。在教学设计和教学过程中，要摒弃过去将教学看成定向“授”与“受”的过程、以教为中心、以老师为主体、“以教论教”的教学观念，树立以学生为中心、“以学论教”的教学观念，关注学生的学习过程和学习效果。课程目标应明确具体，与学校人才培养总目标、专业人才培养目标、毕业要求具有内在的逻辑关系，能支撑专业毕业要求指标点的主要内容，聚焦学生通过课程学习获得的知识和能力，关注学生的学习成果。及时了解学生的学习需求，评价学生的学习效果，发现课程教学中存在的问题，持续改进教学过程，提升课程质量。

2. 优化课程内容

新时代大学的“金课”建设应优化课程内容，致力于课程内容的“高阶性”“创新性”和“挑战度”改革。课程内容选择与设计应基于“产出导向”的教育理念，遵循“反向设计”的原则，契合课程目标的要求，能支撑专业毕业要求指标点的主要内容。强化课程的育人导向，将思想政治教育、创新创业教育与专业课程教育紧密结合。建立课程内容选择和更新制度，健全课程内容动态调整机制，注重将学科前沿知识、研究最新成果、行业实践经验和教改教研成果等有机融入课程教学内容。“金课”内容改革不仅要注重知识的传授，更要注重学生价值观的塑造、学术视野的拓展和实践能力的提升。

3. 更新教学方法

新时代大学的“金课”建设应改革教学方法，致力于从“怎么教”向“怎么学”转变，即从以教为中心的教学模式转向以学为中心的教学模式。以学为中心的教学模式强调学生在教学中的主体地位，在这种教学模式下，教师不再是知识的拥有者、传授者和控制者，而是教学过程的参与者、引导者和推动者；学生不再是知识的被动接受者，而是主动学习者、自主建构者、积极发现者和执着探索者，强调发挥学生在教学中的自主性、能动性和创造性，激发他们迫切的学习愿望、强烈的学习动机、高昂的学习热情、认真的学习态度；让学生从自己的认知结构、兴趣爱好、主观需要出发，能动地吸收新的知识，并按照自己的方式将其纳入已有的认识结构中，从而充实、改造、发展、完善已有的认识结构；让学生自主选择和决定自己的学习活动，依靠自己的努力达到学习目标，形成自我评价、自我控制、自我调节、自我完善的能力；使学生在学习过程中有强烈的创新欲望，追求新的学习方法和思维方式，追求创造性的学习成果。因此，“金课”建设要实现教学方法从“怎么教”向“怎么学”转变，坚持以学为中心对教学方法进行改革。

4. 改革教学评价

新时代大学的“金课”建设应致力于教学评价改革，从“教得怎么样”向“学得怎么样”转变，开展“产出导向”的评价。“产出导向”的评价指向学生的学，遵循

“以学论教”原则,以促进学生发展为宗旨。促进学生发展的教学评价(即发展性评价)具有如下四个特征:重视学习者高阶思维能力的发展;注重学习过程的评价;注重评价主体的多元化和评价方式的多样化;更加重视质性评价方式。以学为中心的教学特别强调形成性评价,评价的主体是学生,主张通过评价来激励学生主动参与;强调学生通过对自我学习的适当监控和反思,调整自己的学习策略,提高自主学习能力;强调师生之间、学生之间的合作,促进教学与评价的良性循环。形成性评价强调评价内容的多元化,注重考查学生综合素质的发展,关注学生创新精神和实践能力的发展,对学生在学习过程中表现出来的情感、学习策略、合作精神等因素进行全面的综合评价,而不仅仅是关注学生的学业成绩。因此,“金课”建设要实现教学评价从“教得怎么样”向“学得怎么样”转变,立足于发展性评价特别是形成性评价,对教学评价进行改革。①

三、推进在线开放课程的建与用

教育改变人生,网络改变教育。随着互联网和新媒体技术的进步,“互联网+教育”、信息技术与教育教学深度融合引发了深刻的教育变革,使适应时代要求的大规模在线开放课程在全球范围内获得了快速发展。依托于在线性赋予了优质的大学课程开放性、共享性等新的特点,短短几年,在线开放课程迅速成为我国大学课程建设的重点。从 2012 年在线开放课程“元年”开始,我国的在线开放课程建设开始迅猛发展;2015 年发布的《教育部关于加强高等学校在线开放课程建设应用与管理的意见》(教高〔2015〕3 号),促使我国在线开放课程建设开始进入国际先进水平;2017 年,我国在全世界首次以国家名义推出 476 门国家精品在线开放课程,2018 年推出 801 门。到 2020 年,我国将推出 3000 门国家精品在线开放课程,让“中国特色、世界水平”的课程真正领跑全世界。新时代,在线开放课程建设被视为提高教育质量、促进教育公平、加快教育现代化的重要手段。新时代大学只有不断推进在线开放课程的建设和应用,推进信息技术与教育教学深度融合,才能实现教育部提出的高等教育质量的“变轨超车”计划,并在未来教育改革的时代浪潮中占据一席之地。

(一)建设优质在线开放课程

新时代大学应根据“重点建设、彰显特色、突出应用、注重实效”的新思路,重

① 李志义.“水课”与“金课”之我见[J].中国大学教学,2018(12):24—29.

点建设体现多学科思维融合、产业技术与学科理论融合、跨专业能力融合、多学科项目实践融合的新工科、新医科、新农科、新文科等高水平的在线开放课程。按照“分析已有、宜建则建、建出特色”的原则，首先对课程选题进行调研和评价，分析课程在其他高校的建设和应用情况，评价建设内容是否符合国家和省部级精品在线开放课程的认定要求，建设效果能否突出学科优势和课程特点、能否实现在本校及高校间的推广与应用，教学效果能否达到预期目标等。对选题好、具有专业优势和现代教育技术优势、具有广阔的应用前景、综合评价高的课程，学校要花大力气、下狠功夫建设好、应用好、推广好。优先加强量大面广的通识教育课程、大类公共基础课程、专业课程、实践教学类课程、创新创业教育课程、教师教育课程等的建设，鼓励高校之间、高校与企业之间聚集优质资源，通过协同创新、集成创新模式联合建设在线开放课程，精心打造一批适合网络传播和教学活动的内容质量高、教学效果好的在线开放课程或课程群，满足不同大类、不同专业、不同层次学生的个性化学习需求。

（二）培育国家和省部级精品在线开放课程

新时代大学要根据国家和省部级精品在线开放课程认定工作要求，综合考查课程的教学内容与资源、教学设计与方法、教学活动与评价、教学效果与影响、团队支持与服务等要素，有针对性地加强优势课程的建设和培育，参与国家和省部级精品在线开放课程认定。以国家和省部级精品在线开放课程建设为切入点，加强教师和技术人员培训，依托教师教学发展中心和在线开放课程公共服务平台，根据教师、学习者的需求变化和技术发展，开展教师信息技术能力、课程建设、课程应用以及大数据分析应用等专题培训，提升教师和技术人员的课程建设、技术研发及课程应用能力。引领高等学校在线开放课程建设，带动高等学校整体课程质量提升。

（三）建设在线开放课程公共服务平台

新时代大学除了开展在线开放课程建设外，还要加强在线开放课程公共服务平台建设。一方面，通过自主研发，建设大学自主使用的在线开放课程公共服务平台；另一方面，通过引进、选用适合本校需求的其他国内平台以及小规模专业在线课程平台，开展在线开放课程建设和应用。鼓励平台建设方、大学协同建设和运用在线课程大数据，为大学师生和社会学习者提供优质、高效的全方位或个性化服务。

(四)促进在线开放课程广泛应用与对外推广

新时代大学要鼓励学院和教师结合人才培养目标和需求,通过在线学习、线上线下结合、翻转课堂等多种方式应用在线开放课程,不断创新校内、校际课程共享与应用模式。规范在线开放课程的建设、引进、应用和对外推广程序,严把在线开放课程的质量关,加强对教学过程的监管力度。对外推广或引进课程应遵守我国教育、中外合作办学、互联网等相关法律法规,履行我国加入世界贸易组织有关教育服务的具体承诺,并择优推荐选择。对其他高校已经建设的优质在线开放课程,如果本校的同类课程建设无法超越其建设水平,则应避免重复建设,而应鼓励学院和教师积极引进已有的优质在线开放课程,利用学校网络教学平台,结合自身课程特点,推动在线自主学习、在线测试与考核、在线质量监控、线下深度学习等广泛应用;对反映本校学科优势、彰显课程特色的优质在线开放课程,要积极开展对外推广,促进优质在线开放课程资源在校内和校际的共享共用。

(五)推进在线开放课程学分认定和学分管理制度创新

新时代大学要推进在线开放课程学习管理制度的创新,保障在线开放课程的推广与应用。制订在线开放课程教学质量认定标准,将通过本校认定的在线课程纳入人才培养方案和教学计划,并制订在线开放课程的教学效果评价办法和学生修读在线开放课程的学分认定办法。在保证教学质量的前提下,鼓励开展在线学习、在线学习与课堂教学相结合等多种方式的学分认定、学分转换和学习过程认定。

四、深化美育课程建设

美是纯洁道德、丰富精神的重要源泉,学校美育是培根铸魂的工作,在落实立德树人根本任务中发挥着不可替代的作用。2018 年 9 月 10 日,习近平总书记在全国教育大会上提出了“培养德智体美劳全面发展的社会主义建设者和接班人”的重要论断,将“美育”置于重要的地位。习近平总书记在讲话中强调,要全面加强和改进学校美育,坚持以美育人、以文化人,提高学生审美和人文素养。为落实全国教育大会精神,教育部于 2019 年 4 月发布《教育部关于切实加强新时代高等学校美育工作的意见》(教体艺〔2019〕2 号)(以下简称《意见》)。在习近平总书记讲话精神的指引下，全面加强和推进新时代大学的美育工作，以艺术教育的改革发展为重点，紧紧围绕高等学校普及艺术教育、专业艺术教育和艺术师范教育三个重点领域，大力加强和改进美育教育教学，遵循美育特点，弘扬中华美育精神，以美育人、以美化人、以美培元，培养德、智、体、美、劳全面发展的社会主义建设者和接班人。做好新时代大学的美育工作，课程建设是关键。

（一）强化公共艺术教育课程建设

新时代大学要强化面向全体学生的普及艺术教育，建设通识类、综合类的公共艺术课程，完善课程教学、实践活动、校园文化、艺术展演“四位一体”的普及艺术教育推进机制，合理设置公共艺术课程。第一，高等学校要把公共艺术课程与艺术实践纳入人才培养方案和教学计划，认定课程学分，并要求修满规定的公共艺术课程学分方能毕业；开展公共艺术教育微课展示，培育和建设一批高质量的美育精品课程；加强公共艺术课程教材建设，明确普及艺术教育管理机构。第二，构建公共艺术课程体系。学校要根据不同专业人才培养特点和专业能力素质要求，结合自身优势和跨学科特点，针对学生对美育的实际需要，探索构建以审美和人文素养培养为核心、以中华优秀传统文化传承发展和艺术经典教育为主要内容的公共艺术课程体系。第三，实行艺术实践活动课程化管理。艺术实践活动作为新时代大学美育课程的重要组成部分，也应纳入人才培养方案，实行课程归口管理。高等学校要因地因校制宜开展丰富多彩的艺术实践活动，积极探索具有时代特征、校园特色、学生特点、教育特质的艺术实践活动形式；建立学生艺术实践活动记录制度，把学生参与社区乡村文化艺术活动、学习优秀民族民间艺术、欣赏高雅文艺演出、参观美术展览等的情况与表现作为学生艺术素质测评内容；加强高等学校艺术社团建设，从普通在校生中挖掘、选拔、培养艺术社团成员，带动校园文化活动开展，让大多数学生参与艺术实践活动。

（二）提升专业艺术教育课程质量

新时代大学要面向专业艺术教育，创新艺术人才培养模式，实施专业艺术教育质量提升计划，注重艺术专业课程设置和内容建设。第一，艺术专业的课程设置应对接专业人才培养目标与毕业要求，课程体系、课程内容与学科建设、行业发展、社会需求、艺术前沿有机衔接，加强社会服务意识，增强人才培养和社会经济发展的契合度，依托一流专业建设“双万计划”和一流课程“双万计划”，建设好国家级一流艺术类专业点，增加艺术类专业课程的“含金量”。第二，强化艺术课程的交叉协同。高等学校要遵循艺术人才培养规律，适时修订专业人才培养方案和课程大纲，促进艺术教育与思想政治教育有机融合、专业课程与文化课程相辅相成，深入实施普通高等学校艺术相关本科专业类教学质量国家标准和高等职业学校文化艺术大类专业教学标准，在艺术课程内容中融入人工智能、大数据和现代信息技术等知识，促进课程育人的交叉协同。第三，提高艺术人才培养能力。高等学校要加强卓越拔尖艺术人才培养，开展艺术类人才培养模式改革，创新人才培养机制，强化艺术课程育人水平，着力提升学生综合素养，培养造就文化底蕴丰厚、素质全面、专业技能扎实的艺术专门人才。

（三）加强艺术师范教育课程改革

新时代大学的艺术师范专业课程建设要凸显师范教育特质。第一，艺术师范专业的课程设置和课程目标要以培养党和人民满意的高素质专业化创新型教师队伍为根本，坚定办学方向，坚守师范特质，坚持服务需求，强化实践环节。依托卓越教师培养计划 2.0，推进以课程体系改革为核心的高等学校艺术师范专业人才培养模式改革，加快建立“大学—地方政府—中小学”三位一体协同培养机制。第二，大力开展艺术师范专业学生和教师基本功展示活动，引导艺术师范专业不断优化课程体系和教学内容，改进教学方法，培养造就教育情怀深厚、专业基础扎实、勇于创新教学、善于综合育人和具有终身学习能力的中小学艺术教师。第三，以艺术专业师范生核心素养训练为基础，强化学生音乐、书法、美术等技能训练，保证艺术训练课程实践比重，为基础教育培养艺术素养扎实的专门人才。

五、重视劳动教育课程建设

新时代是劳动者的时代，是奋斗者的时代。习近平总书记在全国教育大会上指出，“培养德智体美劳全面发展的社会主义建设者和接班人”，“要在学生中弘扬劳动精神，教育引导学生崇尚劳动、尊重劳动，懂得劳动最光荣、劳动最崇高、劳动最伟大、劳动最美丽的道理，长大后能够辛勤劳动、诚实劳动、创造性劳动”。这些重要论述，重申了立德树人的根本任务，把“劳”纳入全面发展要求，丰富了新时代党的教育方针的内涵，丰富了德、智、体、美、劳并举的工作目标体系，对新时代大学提出了加强劳动教育课程建设的新任务、新课题。

劳动可以树德、增智、强体、育美，劳动教育是构建全面教育体系不可或缺的一环。新时代大学应重视劳动教育，在课程建设中有机融入劳动教育的内容是实现高等学校立德树人根本任务的客观需要，是解决部分大学生身上存在的不珍惜劳动成果、不想劳动、不会劳动等问题的一剂良药。在课程内容中注重引导青年学生深入了解劳动、热爱劳动；讲清楚新时代大学加强劳动教育的崭新意蕴，结合新时代建设创新型国家的发展战略需要和培养健康和谐全面发展的人的内在需求，着重加强劳动精神、劳动价值观和创新能力的培养。特别是在涉及实践（实验、实训、实习、作品、设计等）教学的课程中，注重理论教学与实践教学相结合、课内学习和课外实践相结合，适应科技发展和产业变革新形势，针对劳动新形态，结合课程实际，在课程目标、课程内容和课堂教学中有机融入劳动教育内容，拓宽劳动实践渠道，注重新知识、新方法、新工艺、新技术的学习和应用，让学生树立劳动意识、提高劳动技能、珍惜劳动成果、热爱劳动人民。在新时代劳动课程建设中着力推进劳动教育与专业教育相结合，劳动教育与思想政治教育相结合，劳动教育与社会实践相结合，劳动教育与创新创业教育相结合。着力打造崇尚劳动、尊重劳动、“劳动光荣、创造伟大”的价值观，弘扬劳动精神、工匠精神，使新时代的大学生成为劳动精神的弘扬者和引领者，成为劳模精神和工匠精神的践行者和创造者。①

---

① 刘向兵.让劳动教育为新时代的奋斗者插上翅膀[J].中国高等教育，2018(19)：1.

第五节 新时代大学实践教学体系的建构与探索

党的十九大报告中明确指出，创新是引领发展的第一动力，是建设现代化经济体系的战略支撑。在经济全球化背景下，世界各国之间的竞争既是综合国力的竞争，更是创新人才的竞争。大力培养创新人才已经成为各国经济发展、科技进步和国际竞争力提升的重要战略举措。新时代如何培养创新人才已经成为我国未来发展动力的关键。在“大众创业、万众创新”的时代背景下，构建完善的实践教学体系，培养学生的创新精神和实践能力，是新时代大学贯彻落实国家创新驱动发展战略、培养创新人才、提高人才培养质量的重要任务。

一、实践教学体系的内涵

实践教学是新时代大学人才培养的核心环节，构建完善的实践教学体系是大学人才培养的重要任务。顾明远主编的《教育大辞典》从实践教学的目的、内容和教学环境方面出发，认为实践教学又叫实践性教学，是指“相对于理论教学的多种教学活动的总称。包括实验、实习、设计、工程测绘、社会调查等。旨在使学生获得感性知识，掌握技能、技艺，养成理论联系实际的作风和独立工作能力。通常在实验室、实习场所等一定的职业活动情景下进行，作业是按专业或工种的需要设计的”。刘志强在其主编的《高等学校实践教学改革与研究》中认为：“实践教学是教学过程中理论联系实际的重要环节，主要包括实验、实习、课程设计、毕业设计（论文）、工程训练、社会实践、科研训练等内容，是学生在教师指导下，以实际操作训练为主，以获得感性知识和基本技能、提高综合素质为目标的一系列教学活动的总称。它在提高学生的综合素质、培养创新精神与实践能力方面有着理论教学不可替代的地位。”综上所述，我们认为，实践教学通常是指在一定教学环境下，教师有组织、有目的地指导学生进行与专业实务相适应的具有应用性和创造性的学习，通过激励学生主动参与、主动思考和主动探索，从而让学生获得实践知识、形成实践技能、提高自身实践能力和创新能力的一种教学活动。

实践教学体系是理论知识与实践能力相联结的重要手段，是新时代创新创业教育不可缺少的环节，是培养大学生创新精神、创业意识和实践能力的主要途径。面向新时代大学生创新创业能力培养的实践教学体系的科学设计与有效实施，是新时代大学教育教学改革的新趋势，是大学内涵式发展的必然选择。目前，普遍采用的是根据系统论原理构建的“驱动—受动—调控—保障”实践教学体系。根据系统论原理，教学系统应该具有驱动、受动、调控和保障功能，才能使整个系统有序、有效运转，从而实现系统的目标。据此，实践教学体系的结构由动力层面教学目标体系、受动层面教学内容体系、调控层面教学管理体系和保障层面教学保障体系组成。①

二、新时代大学实践教学体系的构成

新时代大学要遵循高等教育教学规律，根据专业培养目标、学科特点及社会人才需求，将培养既具有系统的专业知识，又具有较强实践能力、创新精神和创业潜能的高层次创新人才作为出发点，改变传统的、单一的实践教学模式，构建科学的、系统的、灵活的创新创业实践教学体系。根据实践教学体系的内涵，新时代大学实践教学体系由实践教学目标体系、实践教学内容体系、实践教学管理体系和实践教学保障体系四部分组成（如图 3.2）。

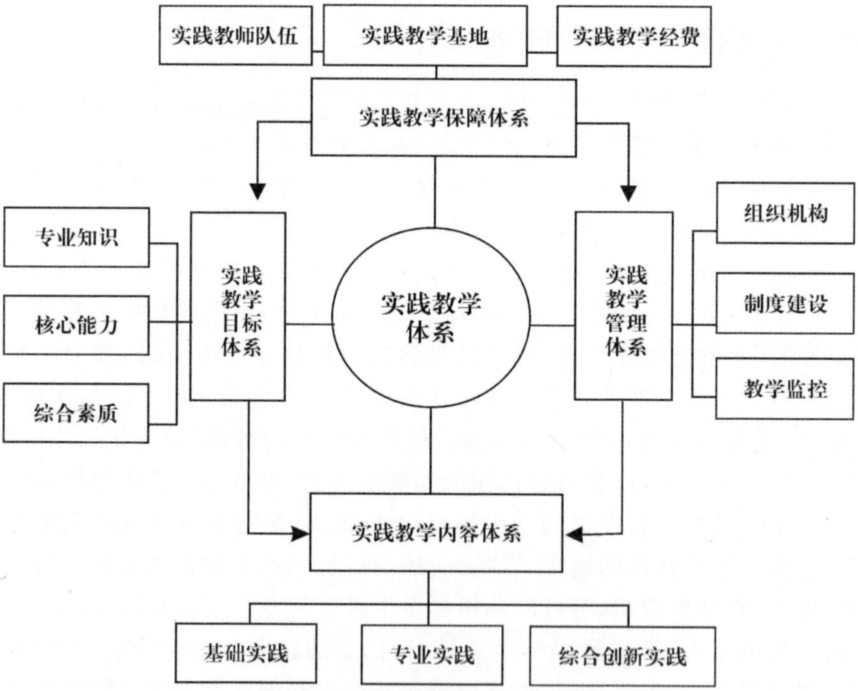

图 3.2　实践教学体系构成要素

① 李树林. 技术本科教育实践教学体系研究. [D]. 上海：华东师范大学，2009：8.

(一)实践教学目标体系

大学实践教学目标是指学生通过实践教学活动,在专业知识、应用能力、创新能力和综合素质等方面达到的水平和标准。实践教学目标的确定,对大学人才培养目标的实现和实践教学特色的形成有着至关重要的作用。实践教学目标体系是整个实践教学体系的基础和核心,它在一定程度上决定着实践教学内容体系、实践教学管理体系和实践教学保障体系,在整个体系中发挥着驱动作用。

(二)实践教学内容体系

大学实践教学内容体系是实践教学目标任务的具体化,是将实验、实习、实训、课程设计、工程训练、毕业论文(作品、设计)、课外创新实践和社会实践各个实践教学环节,通过合理配置,构建的以能力为主体,按照“基础实践、专业实践、综合与创新实践”三个层次,循序渐进地加以安排的体系。它将实践教学的目标和任务具体落实到各个实践教学环节中,以培养学生扎实的专业知识、较强的技术应用能力和良好的综合素质。它是实践教学目标体系在具体操作和实施层面的体现,实践教学体系功能发挥的好坏在很大程度上取决于实践教学内容体系。

(三)实践教学管理体系

大学实践教学管理体系包括管理机构、管理人员等硬件管理体系和实践教学规章制度、实践教学质量监控等软件管理体系。实践教学管理的特点是所需物质条件多、投入量大、制约因素多、涉及面广、管理过程复杂、可控性差。因此,必须建立起软硬结合、完善可靠的实践教学管理体系,以保障实践教学质量。实践教学管理体系是开展实践教学活动的基础和质量保障,在整个体系中起着反馈和调控的作用。

(四)实践教学保障体系

实践教学保障体系是实践教学的保障层面,建立科学合理的实践教学保障体系是维护和实现高等学校实践教学体系规范、有序、顺利运行的重要基础,是确保实践教学质量的根本。实践教学保障体系包括高水平的实践教师队伍、先进完备的实践教学基地和充足的实践教学经费保障三个重要条件。实践教学保障体系服从于实践教学内容体系,并在很大程度上成为制约实践教学效果的重要因素。

三、新时代大学实践教学体系的构建与探索

实践教学是我国高等学校教学体系的重要组成部分，在培养学生创新精神和综合素质、提高学生实践能力和创新能力等方面是理论教学不能替代的。为了适应新时代对创新人才的培养要求，高等学校要加强实践教学体系的构建与探索，设置数量充足、内容丰富的实践课程，建立健全贯穿培养全程的实践教学体系，确保实践教学前后衔接、阶梯递进，实践与理论有机结合、相互促进，着力提高实践教学质量。

（一）实践教学目标体系构建

新时代大学实践教学目标体系的构建应遵循专业人才培养方案，以专业知识奠定为基础，以能力提升为核心，以综合素质培养为要求。实践教学目标的制订，既要有行业、企业等用人单位的专家与教育部门的研究人员参与，也要有学校教学管理人员和任课教师参加。前者提供与专业相应的能力标准、素质结构与技能要求；后者既是目标设定的参与者，又是目标实现的实施者。专业知识是基础性要素，它从根本上影响着能力和综合素质的发展；能力为核心要素，就是要以能力为中心，而不是以学科体系的内部逻辑为中心设计实践教学计划、确定实践教学目标；综合素质的培养也是目标体系的重要组成部分之一。专业知识内化成为综合素质，外化则成为能力。能力和综合素质一旦形成便对专业知识具有反作用，促进专业知识的不断优化。建立实践教学目标体系，把专业知识、核心能力和综合素质教育有机联系起来，确立三者相互联系、互为条件、互为促进的关系。

（二）实践教学内容体系构建

新时代大学实践教学内容体系构建坚持以“加强基础、重视应用、开拓思维、培养能力、提升素质”为指导，按照“基础实践、专业实践、综合与创新实践”三个层次进行，实行“分层培养、层次递进、逐步提高”，培养学生的基本技能与方法、专业素质与应用能力、综合能力与创新创造精神。基础实践层次通过学科基础课及专业课实践教学，进行专业实践技能训练，目标是使学生掌握实践基本技能和方法、基本工艺操作技能等，强化学生独立的实践操作能力；专业实践层次通过实习、实训、工程训练、课程设计、毕业论文（设计）等环节，进行专业技能的学

习和训练，目标是培养学生的专业技术应用能力和专业素质；综合与创新实践层次是实践教学的最高层次，强调在学习基本实践知识和技能后，进一步培养学生的综合应用能力。通过让学生自己设计实践内容、准备实践设备与材料、分析实践问题、综合运用相关知识和技术解决综合性实践问题，培养学生的创新精神、实践能力、表达沟通能力、团队合作能力、组织协调能力和综合素质。

（三）实践教学管理体系构建

实践教学管理体系的构建包括组织机构建设、规章制度建设和质量监控建设三个部分。三个部分互为支撑，相互促进，共同发力。

1. 组织机构建设

高等学校的实践教学管理机构一般由学校教务处或专门的实践教学管理机构、二级教学单位（院系）、实验教学示范中心（实验室）三级构成。为了细化管理机构，促进实践教学管理体系向精细化转变，一是在学校层面设立专门的实践教学督导小组，成员由教学指导委员会委员、经验丰富的实践教师、行业或企业的技术专家组成。实践教学督导小组可以单独或协助教务处对实验室、实习基地管理制度以及实践教学的各环节进行随机或专项督导，随时了解和跟踪各院系实践教学活动状态，并以报告的形式及时反馈给学校的相关主管单位。二是在二级教学单位（院系）层面成立实践教学质量管理小组，对院系内部的实践教学工作进行整体规划和管理。三是实行实践基地的归口管理。校内实习、实训和共用性、基础性的实践教学实行统一管理；校外实践基地一般由校企双方根据合作协议共同管理，以企业为主，并根据系统周密的教学计划安排实践教学，实施质量监控和考评。此外，教务处还应建立实践教学信息服务平台，负责统一组织、协调和整合各种反馈信息，从整体上规划、执行实践教学质量监控。

2. 规章制度建设

为了保证实践教学质量，使实践教学工作有章可循，新时代大学必须建立健全实践教学规章制度，对实践教学内容、过程、考核、管理等方面做出明确规定。规章制度要分层制订，层层细化，体现严肃性和灵活性。一是要制订和完善实践教学文件，包括纲领性教学文件，如实践课程大纲、实习项目表、实践教学指导书等；过程性教学文件，如实习报告、实习记录、实习单位鉴定表等；教研活动文件，如实践教学研讨记录、实践教学报告会记录等。① 所有的档案必须按要求认真书写，并建立独立的档案统一管理制度。二是要完善基本的管理规章制度，包括《实验室工作管理条例》《教学实习管理规定》《生产专业实习管理办法》《生产专业实习教学质量评价标准》《学生实验（实习）守则》《实验教学质量标准》《实践教学考核评估方案》《实践教学安全细则》《实践教学基本操作规程》等。三是要建立科学的实践教学考核制度。实践教学考核包括对实践教师和学生的考核。对实践教师的考核，除了采用学生对教师业务水平、教学态度的评价外，还包括对教学效果、实践教学项目的执行情况与教学科研成果等方面的考核。对学生的考核注重学习效果和实践学习的过程性考核。四是要建立激励机制。实行“双师型”教师津贴制度，提高实践教学的课酬标准，鼓励更多教师向“双师型”方向发展；在职务晋升、考核评优等方面制订有利于“双师型”教师发展的政策；鼓励教师到企业挂职锻炼，实行教师到企业锻炼与到高等学校进修同等待遇；组织教师参加职业资格认证培训，拓展实践教师的从业空间，提高实践教师的实践能力；引进实践教师要突出实践经验，把具备实践经验同具备硕士、博士学历同等对待；新引进的青年教师要首先安排到校外实习基地或企业的生产管理一线进行实践技能的锻炼和提高。

3. 质量监控建设

实践教学质量监控是基于实践教学特点和教学规律制订的一套动态的、全面的质量监控流程，可分为前期准备监控、教学过程监控、教学效果监控。前期准备监控包括对二级教学单位（院系）的实践教学安排、教师前期教学准备、学生的预习等的监控。教学过程监控和教学效果监控则主要体现为对实践教学过程和结果的信息反馈。通过教学督导和学生信息员对实践教学工作的定期反馈，采用会议座谈、教学信息网络平台等形式，配合学校教学主管部门和各教学单位进行的常规性检查，形成以教师、学生、教学督导和学校教学主管部门为一体的监督“链”，及时了解实践教学中出现的问题，相互沟通，协同处理，以便更好地协调教与学的关系。加强对实践教学质量的监控和管理，使实践教学始终处于动态管理之中和有效监管之下，从而保证实践教学活动的正常有序运行。

（四）实践教学保障体系构建

实践教学保障体系是实践教学体系有效运行的重要保证，包括人员、场地

① 司淑梅.应用型本科教育实践教学体系研究[D].长春：东北师范大学，2006：32.

(设施设备)和经费三大保障,其中,人员和经费是实践教学的软件保障,场地(设施设备)是硬件保障,它们共同支撑着高等学校的实践教学水平和人才培养质量。

1. 实践教学师资队伍建设

建设一支与人才培养目标相适应、素质精良、结构合理的实践教师队伍,是高等学校实践教学体系正常运行的重要保证。新时代大学实践教师在知识结构上,不但要有宽厚扎实的专业理论知识,而且要有较高的实践知识水平;在能力结构上,不但要有较高的教育教学能力,还要有较高的仪器设备使用操作能力、仪器分析维护能力、开发与科研创新能力;在工作经历方面,需要具备相关职业工作背景或培训经历。建设高水平实践师资队伍,一是要优化实践教师群体结构,逐步扩大兼职教师的比例。要积极从企业引进技术专家和高级技术人员来充实实践师资队伍,他们不但自身技术水平较高,能够给学生提供高水平的技术指导,而且与行业、企业联系紧密,非常熟悉企业运作,具有丰富的实践经验,有利于产学研合作的深入开展,也有利于提高实践教学的针对性。此外,他们在知识结构、技术应用能力以及个人素质等方面与普通教师具有很强的互补性。二是要加强教师实践能力培训,提高其实践教学水平。高等学校要投入足够的精力和财力,制订有目标、有重点、有计划的中长远实践教师培养计划,加强对教师实践能力的培训,努力提高他们的业务水平和技术应用能力,安排他们到工厂、设计院、研究所挂职锻炼,通过进修了解自己所从事专业的生产、设备、技术、工艺的现状以及发展趋势,并能向实践经验丰富的工程技术人员请教他们在教学中遇到的问题,从而提高技术应用和开发的能力。①

2. 实践教学基地建设

实践教学基地是实践教学体系的重要保障,是大学生开展实验、实习、实训活动,养成创新精神和实践能力的主战场,包括实验教学示范中心(实验室)、实训中心、实习基地等。实践教学基地包括校内实践教学基地和校外实践教学基地。校内实践教学基地要高度模拟实际工作环境,加强对学生专业技能的训练,目的是巩固学生所学知识,培养学生对实践操作的感性认识。校外实践教学基地要充分利用各种资源,安排学生到政府机关、事业单位、学校、社区和企业生产、管理的第一线去观摩与锻炼,以提高他们的专业应用能力和职业素质。

① 高珊.地方理工科高校实践教育体系研究[D].石家庄:河北科技大学,2010:56.

校内实践教学基地建设,首先,要加强基地的系统性。要借助网络的强大优势,集中管理校内实践教学基地,构建网络协同管理平台,快速、有效地建立各实验实训室间的联系和互补。其次,要增强基地的共享性。合理使用有限资金,实现校内实践教学基地共建共享。也就是说,各种实训场地、仪器设备、师资、管理等都要考虑各专业能够资源共享。再次,要强调基地的结合性。第一,实验、实训与教学相结合。某些课程的主要教学内容是以实验、实训为主,为了使学生能更好地将理论与实践相结合,把这些课程的教学环节安排在实验实训室进行。第二,实验、实训与科研相结合。将实验、实训与教师的科研开发相结合,有效提高实验、实训的水平,增强基地的学术氛围。第三,教学要求与学生创新能力培养相结合。校内实践教学基地除了应该满足基本的教学要求外,还要强调培养学生的创新能力,要为学生提供一个可以发挥自己潜能的条件和环境。

校外实践教学基地建设的最大特点是利用学校与行业、企业在人才培养方面的优势,把以传授理论知识和训练基本技能为主的学校教育环境与直接获取生产过程性知识和经验性知识、综合应用能力为主的生产现场环境有机地结合于学生的培养过程之中,为学生提供一个不同于校园环境的实践教育场地或环境,提供工程训练所需的设备、师资和其他条件,提供就业前企业实际工作的全方位预演。

校外实践教学基地建设需遵从以下三个原则:一是校企互惠共赢原则。企业以创造利润为目的,担心学生实习会影响其正常的生产活动,再加上商业秘密等原因,企业大都不愿意为学校提供实习场所。高等学校首先要树立为企业服务的意识,在各个方面主动地为企业提供服务,为企业员工提供培训进修的机会,在产品开发等方面为企业提供技术支持。学校允许在实习中表现优秀的学生被企业吸纳为员工。只有这样,学校和企业才能建立亲密的合作关系,互惠互利。二是企业参与校外实践教学原则。高等学校要认识到校企双方的地位是平等的,要建立校企双方共同制订实践教学计划的机制,让企业的管理者与技术专家参与到实践教学中来,聘请他们成为校外兼职教师,这样既能调动企业人员参与实践教学的积极性,又能保证教师队伍的稳定。三是择优选择企业原则。具有先进技术和较高管理水平的企业有较强的生命力,高等学校要对企业的生产工艺水平、管理水平、技术和设备的先进性、产品的市场占有率以及企业文化等方面进行全面考察,选择优秀企业作为合作对象共同建设校外实践教学基地,为实践教学创造良好的条件和氛围。

3. 实践教学经费保障

经费是高等学校实践教学体系建设的物质基础。实践教学经费不足，实践教学各环节就没有保障，实践教学计划就不能保质保量完成，综合性、设计性、创新性实验就无法顺利开展，学生校外实习就得不到应有保障，实践教师的技能培训和能力提升也无法实施，严重制约实践教学质量和人才培养质量。新时代大学除了依靠政府拨款来获得教育经费外，还要多渠道筹集资金，加大对实践教学的经费投入。一方面，通过提高学校科研及服务性收入能力增加学校收入，也可以通过产教融合、校企合作、与企业联合办学，吸纳社会资金。另一方面，要合理使用有限的教育经费，按规定适当提高实践教学经费比例，加大实践教学设备设施及实验室、实践基地的建设力度。在经费允许的范围内，更新实践教学设施，购置先进的仪器设备，建设集教学、科研多功能于一体的实践教学基地，保证满足实践教学的需要。①

① 高绣叶. 地方高校实践教学有效性研究[D]. 淮北：淮北师范大学，2011：45.

第四章　新时代大学教学模式与学习方式改革

高等教育水平与国家的发展以及民族的未来有着密切的联系，所以衡量一个国家发展水平和发展潜力的重要指标就包含这个国家高等教育的发展水平。关于高等教育的发展方向，党的十九大报告中指出“加快一流大学和一流学科建设，实现高等教育内涵式发展”，这是党和国家在进入中国特色社会主义发展新时期对高等教育的要求。大学是人才、科技、创新和文化四个方面所对应的“四个第一”，即第一资源、第一生产力、第一动力和第一软实力的综合体。这样一个综合体为国家经济的发展提供了强有力的人才与智慧的支撑。为了更好地为国家发展提供支撑和保障，高等教育必须与国家发展、区域发展和产业进步相融合，以便输送符合发展需求的高质量人才和研究成果。

当前，中国在世界大发展与大变革的时代背景下走近世界舞台的中央，而这对高等教育提出了明确自身在国际坐标中方位的要求，以便承担更加重要的全球性使命。新型国际关系和人类命运共同体的构建对高等教育提出了进一步开发大局的要求。在全新的时代背景下，要让学生的综合素质得到不断提升，大学就必须对原有的教学模式与学习方式进行大胆变革，探索并构建具有时代性的教学共同体。

第一节　新时代大学教学模式的改革

我国于20世纪80年代引入“教学模式”这一概念，此后教学模式逐渐成为教学论领域的重要概念，对教学模式的研究也成为教学论研究的热点问题。但由于学术背景和学科的不同，学者和教师们对教学模式的理解和表述也不尽相同。因此，在探索新时代大学教学模式如何改革之前，有必要阐述和明确教学模式的基本内涵，使研究建立在同一个平台上。

一、教学模式的基本内涵

学界普遍认为，教学模式的概念最早是由美国学者乔伊斯(B. Joyce)和韦尔(M. Weil)等人提出的。1972年，在其著作《教学模式》中，他们认为：“教学模式是一种可以用来设置课程(诸学科的长期教程)、设计教学材料、指导课堂或其他场合的教学计划或类型。”①目前，学界对教学模式的界定大致形成了四类：一是认为教学模式是在教学实践中形成的一种设计和组织教学的理论；二是认为教学模式是在一定教学思想或理论指导下建立起来的各种类型教学活动的基本结构和框架；三是认为教学模式是在一定教学思想指导下建立起来的完成所提出教学任务的比较固定的教学程序及其实施方法的策略体系；四是认为教学模式不仅是一种教学手段，而且是从教学原理、教学内容、教学目标和任务、教学过程直至教学组织形式的整体的、系统的、加以理论化的操作样式。这些定义又被称为教学模式的“理论说”“结构说”“程序说”“方法说”。

综合这些观点，本书倾向于将教学模式理解为“在一定教育思想、教学理论和学习理论的指导下，在某种教学环境和资源的支持下，教与学活动中各要素之间稳定的关系和活动进程结构形式”②。其中的要素主要有五个，它们彼此关

---

① 丁证霖，等.当代西方教学模式[M].太原：山西教育出版社，1991：1.

② 杨琳，焦新龙，杨玮.基于就业需要的自主创新性学习课堂教学模式的研究[J].宁波工程学院学报，2011(3)：96－100.

联、相互作用，共同推进一个完整的教学模式的生成。

（一）理论基础

教学理论是关于教学情境中教师行为（如引起、维持和促进学生学习）的规定或解释。它既研究教学的现象、问题，揭示教学的一般规律，也研究利用和遵循规律解决教学实际问题的方法、策略和技术。不同的教学模式对应着不同的教学理论，如探究式教学模式对应的是皮亚杰和布鲁纳的建构主义理论，自学—辅导式教学模式的理论依据是人本主义理论，行为心理学理论则被传递—接受式教学模式视为理论基础。

（二）目标倾向

教学模式是为了完成特定的教学目标而设定的。教学目标在教学模式构成因素中居于核心地位，它决定着教学模式的操作程序和师生在教学活动中的组合关系，也是教学评价的标准和尺度。正是教学模式与教学目标的这种极强的内在统一性，决定了不同教学模式的个性。

（三）实现条件

实现条件包括教师、学生、教学内容、教学手段、教学环境、教学实践、教学策略等，是教学模式实践的现实基础，也是教学模式充分发挥效力所需要的手段和策略。教师在运用教学模式时需要提出一些操作要领，如原则、方法、技巧，以使得教学模式清晰、确切地展现出来。

（四）操作程序

操作程序既包括教学内容的展开顺序，又包括教学方法的运用顺序，还包括师生心理活动的产生顺序等。它规定了师生在教学活动中应该先做什么、后做什么，以及各种步骤应该完成的任务。

（五）效果评价

各种教学模式是否完成其特有的教学任务，必须通过相应的教学评价予以检验和判断。科学的评价体系包括是否达到职业岗位群的能力要求，相应的文化知识层面是否满足了技能的需要，是否培养出德、智、体、美、劳诸方面全面发展的人才。

这五大基本要素的不同组合方式又影响着教学模式功能的发挥程度。如果其组合处于活跃的互动状态，那么所有要素都将被激活且能最大限度地发挥应有的作用，教学模式就能发挥整体优化功能；反之，如果其组合处于僵化的孤立状态，那么各要素便难以发挥应有的作用，教学模式就会成为刻板的框架而影响教学效果。因此，高等学校在进行教学模式改革时，不仅应该考虑目标的指向性，也要考虑结构的完整性，并且能够根据学科性质、教学内容、教学条件和师生状况，灵活变通地进行调整，以增强主动适应性。

二、新时代大学教学模式的改革动向

综观当下我国各高等学校可以发现，“老师满堂讲，学生满堂听”的传统教学模式仍然是主流。这种教学模式以客观主义为教学理念，注重学生低阶能力的培养，师生之间缺乏深入对话与交流，教学组织形式和方法比较单一，教学评价不能较好地促进学生发展。虽然它有利于教师主导作用的发挥，但不利于学生创新意识、创新思维和创造能力的培养，已经无法与新时代对高素质人才的需求相适应，大学教学模式的改革工作正逐步展开。

（一）教学理念：从客观主义走向建构主义

客观主义和建构主义都是一种哲学观。其中，客观主义在本体论上认为世界是刚性的、客观的与既定的外在存在，是不随人的意志而转移的；在认识论上，它认为人们所获得的知识是刚性的、客观的、可以严格区分真伪的，当人们发现存在于外在世界的基本秩序、规则与基本关系时，就能够按刚性的规则、方法或客观过程去操作或迁移，以获得客观知识或辨识知识的真伪；在方法论上，它认为研究者仅能够按照客观的、公式化的、可以重复的方法与步骤去获得有关外在世界的知识。建构主义在本体论上则倾向于将外在世界看成柔性的世界，是人的主体生命的表现或实践的场所，是人所赋予或阐释的意义结构网络，可以随着人的意志而变化；在认识论上，它认为人们所获得的知识是柔性的、弹性的，是在人的主体生命影响下产生的主观知识，是心灵意识对外在世界所做的理解或意义建构，因此，只有相对真理，没有绝对真理；在方法论上，它认为研究者可以采取独特的而非重复性的方法或途径去认识社会世界，人依靠自身经验对世界进行理解或解释。客观主义和建构主义的哲学观体现在大学教学领域，就产生了客观主义教学理念和建构主义教学理念（详见表 4.1）。

表 4.1　客观主义教学理念和建构主义教学理念的系列特点与关键词

	客观主义教学理念	建构主义教学理念
知识观	知识是可传递的、外在于学习者的、客观的、稳定的、现成的和非情境化的(抽象存在)	知识是在行为活动或经验中建构的,是逐渐呈现的、情境化的和分布式的
课程观	静态的、按学科等级次序设定的、预定的内容和结果	动态的、松散的学科结构,是开放的和整合的
学习观	知识传递、反映教师所知、良构的、抽象一符号化的、接受一保持一回忆的、重视结果的	知识建构、解释世界、建构意义、劣构的、真实一经验的、阐释一反思的、重视过程的
教学观	简化知识、抽象原则、重视基础、从上至下的、推测式的、重视符号表征系统(规则、原理)的应用、讲授的、监护的、教师支配/控制的、个别化的、竞争性的	反映多种观点、复杂度递进的、发散性或多样性的、由下至上的、归纳式的、认知学徒、模拟、知道、探究、以学习者为中心
动机观	主要是外在激发、控制与维持的	主要是内在的、持久的、自动自发的
评价观	关注事实、概念和技能的认识,强调对内容和结果的评价	重视过程、学习技能、自我探究、社会性和交际性技能
学习经验	以结果为中心,强调学业成绩测试	以过程为中心,强调对过程的反思
教师角色	权威、知识源、讲坛上的圣人、拥有绝对话语权	合作者、帮促者
学生角色	被动接受者、等待被"灌装"的容器、坐中学	知识建构者、运用工具的主动探索者、做中学
师生关系	主宰一顺从关系,缺乏平等、互动和对话交流	民主平等、和谐协作、互动对话关系

(二)教学目标:从低阶能力走向高阶能力

传统大学教学模式关注的是学生的低阶能力(lower-order abilities)。所谓低阶能力,是指运用低阶思维完成记忆任务、解决良构问题的心理特征。所谓低阶思维,是指运用较低层次的认知水平学习事实性知识或完成简单任务的能力,如对事实的记忆、浅层次的理解和近迁移的应用等。低阶能力和低阶思维将造成学生的低阶学习。所谓低阶学习，是指运用低阶思维进行机械性的学习，通常是被动的、接受式的、抽象的和单独的。低阶学习又将产生低阶知识。所谓低阶知识，是一种事实性、客观性、个体性、孤立性的知识，属于简单性、显性化的知识。随着时代的发展，如果将学生的个性发展一味局限于这些所谓的“低阶”，学生将很难适应时代的发展要求。对此，许多专家和组织机构提出了发展学生高阶能力的理论构想和实施计划。

所谓高阶能力，是以高阶思维为核心，解决劣构问题或复杂任务的心理特征。具体来说是指创新、问题求解、决策、批判性思维、信息素养、团队协作、兼容、获取隐性知识、自我管理和可持续发展等十大能力。① 高阶能力的核心在于高阶思维。所谓高阶思维，是发生在较高认知水平层次（分析、评价、创造）上的心智活动或较高层次的认知能力。高阶能力和高阶思维带来的是高阶学习和高阶知识。所谓高阶学习，是指运用高阶思维进行有意义的学习，通常具有主动的、有意图的、建构的、真实的和合作的特点。高阶学习的结果是高阶知识，高阶知识属于建构性知识、情境化知识、同化的知识、从问题探究中所获得的个性化知识、复杂化知识和隐性知识。高阶能力是促进学生发展的指向，也是新时代大学教学模式改革的目标导向。

（三）价值取向：从重知轻行到知行合一

我国大学教学模式始终存在着重知轻行的问题，即片面强调系统掌握各学科的理论知识，学生缺乏必要的专业实践能力。实践能力的不足，不仅反映了理论与实际相脱节的现象，还直接导致大学生畸形的素质结构。实践对于大学生的成长至关重要。没有实践，理论上的科学结构就不可能转化为现实的生产力；没有实践，人生的理想和价值追求也永远只能是精神的“空中楼阁”。导致我国大学教学重知轻行的因素很多，比如传统教育思想的惯性，传统的智能观、知识观和教学观的影响，以及实践课程的设计、教师水平、实践平台和教学模式等因素的滞后等。改变这些现象可以从多方面入手，但是革新或重构教学模式是最直接、最具有操作性的切入点。如果一种教学模式不重视学生的动手操作或参与探究，要想在这种教学模式下使学生获得相应的动手能力或实践能力，几乎是不可能的。

---

① 陈东莉.研究生个人网上学习环境的构建——以教育技术学专业为例[D].兰州：西北师范大学，2010：10.

从教学模式的角度改变重知轻行的局限，强调知行合一是新时代大学教学改革的实践切入点，也是理论关注的焦点。比如，美国诸多学者在20世纪90年代就综合性地从教育技术学、心理学和教学设计等多个角度研究了新型教学模式，如基于问题的学习、抛锚式教学、认知学徒制、交互式教学、基于项目的学习、建构主义学习环境和开放学习环境等。这些教学模式的显著特征就是以情境认知和情境学习理论为基础，通过贯通学习理论、教学设计和信息技术的关系，与具体的学科相结合，以促进学习者实践能力的发展。这些谋求培养学生实践能力的教学模式变革，为教学实践提供了一种新的理论视角和实践框架，对实践能力培养的教学研究产生了巨大的吸引力，在一定程度上引领着关注实践能力的教学模式的发展。

（四）教学组织：从单一化走向多样化

在我国的大学教学中，教学组织形式基本上是班级形式，而且是讲授式、注入式或填鸭式的班级教学形式，自主式、讨论式、研究式教学还比较鲜见。教学组织形式和方法单一化，势必导致学习目标、学习资源、学习时空、学习方式、学习体验等方面的狭窄化。显然，单一化的教学组织形式和方式是不符合新时代高等教育发展需要的。克服单一的讲授式班级教学形式需要将多样化的方法嵌入其中，如班级形式、小组形式和个别形式等相结合，超越或者打破传统的“讲中学”“坐中学”，探索和实行多样化的形式和方法。例如，将教学活动与有关的实例或者案例进行有机整合，给学生创造模仿学习机会的“例中学”；围绕研究项目或者活动任务，创设与学习内容相符的教学情境，让学习者通过亲身操纵物件的体验深化知识和理论的“做中学”；确立好特定的专题、主题或者问题，并以此为导向引导学生灵活运用各种研究方法和信息技术工具开展自主研究活动，在发现中学习的“探中学”；给予学生展示自己作品或成果的机会，让学生与同伴或教师进行沟通和互评，在反思中学习的“评中学”。值得注意的是，在此过程中要以“取其精华，去其糟粕”的方式合理运用“讲中学”形式，一定要有效避免“讲中学”中的注入式教学形式再现。

（五）师生关系：从权威—依存走向平等—对话

传统的师生关系是权威—依存的，即教师是知识的化身、讲坛上的圣人、不可冒犯的权威和独角戏的表演者，学生是被动的接受者、等待被灌输知识的容器。这种关系下的教学信息传递是单边的，是建立在学生的被动和物质的基础上的，屏蔽了学生参与教学的空间，学生成为丧失话语权的弱势群体，其参与感和自主感都会受到严重的影响。改善这种传统的师生关系主要在于改变教师在传统教学模式中的权威角色，建立起平等一对话的师生关系。这种师生关系的构建有助于更好地发挥作为活动主体的师生与客体在相互作用中的创造性和自主性，让教师的主导性和学生的主动性同时得到体现。平等一对话的师生关系集中体现了回归学生话语权的要求，以双向交流作为师生教学中的重点内容，提倡在教师与学生之间构建一种平等合作的关系。当教师走下圣坛，就意味着学生要承担更多的学习责任，同时也拥有了批评和质疑的权利。有效的对话是实现知识建构、心理发展和意义生成的重要方式，同时也是建立新型师生关系的主要特征之一。基于新型师生关系开展的教学活动给学生创造了更多的话语空间、自主思考和参与的空间，让学生拥有了"对话的位置"，为师生良好关系的激活奠定了良好基础。

（六）教学评价：从标准化走向个性化

目前，传统的标准化智力测验和学生学习成绩考核仍然是大学教学评价的主流方式。这种评价指标比较单一，以语言逻辑内容为主，以记忆复制为上，忽视个体差异和学科指标，混淆知识与能力、过程与方法、情感态度价值观的评价差异，不利于促进学生个性化发展和全面发展，也不利于学生创新能力、实践能力和学习能力的发展。为此，许多专家提出新时代大学的教学评价应该是多样化的、个性化的、过程性的，应该通过多种渠道，采取多种形式，在多种不同的实际生活和学习情境下进行，切实考查学生解决实际问题的能力。于是，以学习者发展为中心的真实评价应运而生。这种新的评价取向"是基于真实任务的、复杂的，能挑战学习者思维过程，评价标准充分反映学习者多元化的观点和多样化的问题解决方案"①。具体来说，它具有如下几大特征：一是重视自我参照，即以学生本人（自身的目标、意图和过去的成绩）为参照，而不是以小组的标准规范为参照；

① Choi J. I., Hannafin M. Situated Cognition and Learning Environments: Roles, Structures, and Implications for Design[J]. Educational Technology Research and Development, 1995(2):66.

二是重视弹性的、迁移的知识与技能，强调学生高阶思维能力的发展，激励学生积极思考、向新的问题情境迁移应用所学；三是重视多样化、弹性化的评价，根据学生的思维、行为或绩效，运用不同的评价标准和方法；四是重视生成与建构，注重考查学生观点生成的过程，注重学生表现问题求解的过程，如计划、执行和修正等；五是重视评价的持续性和实时性，即评价是真实而自然的镶嵌过程，不是在教学后进行的；六是重视评价的生态性，讲究评价对学习生态环境的积极影响。

第二节　新时代大学学习方式的改革

学习是学生的基本生活方式,也是学生发展的根本途径。国际21世纪教育委员会向联合国教科文组织递交的《教育——财富蕴藏其中》的报告中指出,教育应围绕四种基本学习加以安排,这四种学习将是每个人一生中的知识支柱:学会认知,即获得理解的手段;学会做事,以便能够对自己所处的环境产生影响;学会共同生活,以便与他人一道参与活动并在这些活动中进行合作;最后是学会生存。可见,学会学习已经成为一种重要的教育观念和学习观念。不懂得如何学习的人是很难在社会中立足的,而掌握科学的方式方法是学会学习的关键。新时代大学要促进学生发展,不仅要改良教师的教学模式,还要以优化学生的学习方式为杠杆。

一、学习方式的基本内涵

"学习方式"是美国学者哈伯特·塞伦(H. Thelen)于1954年首次提出的,并将其定义为学生在完成学习任务时经常的或偏爱的基本行为或认知趋向,是学生连续一贯表现出来的学习策略和学习倾向的总和。也有学者将学习方式视为"学生在完成学习任务过程时基本的行为和认知的取向"①;"学习者在学习中所运用于学习内容的学习活动的类型和方式。学习方式是根据学习目标、学习内容和学习者的特点综合确定的"②等。20世纪70年代后,西方学者通常将其视为人们在学习和保持信息或概念的过程中所使用的不同方式。时至今日,学者们对这一古老而又经典主题的研究仍旧乐此不疲,形成了各自独特的见解。但其共同的认识是,学习方式不是指具体的学习策略和学习方法,而是高于策略和方法层面,影响并指导学生对具体策略和方法做出选择的有关学习行为的基

---

① 钟启泉,崔允漷,张华.为了中华民族的复兴 为了每位学生的发展《基础教育课程改革纲要(试行)》解读[M].上海:华东师范大学出版社,2001:247.

② 陈佑清.学习方式的多样性及其选择[J].江西教育科研,2003(7):20-22.

本特征。一般而言,学习方式具有如下特点。

第一,学习方式是学生独特的生存方式。学习活动本身就是学生真实生活的一部分。比如,很多学生将自己的生活轨迹描述为“三点一线”(教室—食堂—寝室),学习活动几乎成为他们生活的全部,这种活动方式自然成为他们重要的生存方式。学生的这种生存方式还具有独特性。如果说工作中的人是通过业绩来获得生存资源、社会地位和自我实现的,那么,学生则主要是通过学习方式来发展自己的精神生命,并借此在同辈群体中赢得相应的地位。此外,学生的学习方式不仅反映着其当下的生存方式,也在很大程度上塑造着其未来的生存方式,这是因为,学生的学习方式能够影响甚至决定其一生的认知习惯、思维方式和人生态度。

第二,学习方式是具有整体性的方式。其整体性体现在:一方面,每一个学生在使用学习方式的具体过程中都会不同程度地综合运用自己所掌握的各种学习方式,即在学习过程中学习方式的呈现形态往往是整体的、不可分割的,不同学生之间的差别只在于他们所拥有的学习方式的数量及其综合方式和程度的不同而已;另一方面,学习方式是认知、情感、态度等的综合体,是学生整体生命的投入。

第三,学习方式是比学习策略和学习方法更为上位的概念。学习策略是指“学习者在学习活动中有效学习的程序、规则、方法、技巧及调控方式。它既可以是内隐的规则系统,也可以是外显的操作程度与步骤”①。一种学习方式通常可以用多种不同的学习方法或策略去实现或体现。比如,接受式学习方式就可以用多种不同的学习方法或策略去实现或体现;在探究性学习中,学生可以用实验、调查、文献查阅、与他人一起研讨等方法去发现和解决问题。

除了一般的特点,大学学习方式还具有自身独特的特点:一是自主性。培养学生自主学习的意识和能力本身就是大学的教育目标之一,同时大学生的身心发展已经趋向成熟,因此,相比中小学生,大学生更具有自主性学习的条件。二是探究性。大学教育的培养目标中已经指出要培养具有一定研究意识和研究能力的高等人才,这就决定了大学学习方式的探索性和研究性。三是实践性。大学学习是专业性学习,这就要求大学生在具有专业知识和技能的同时,将理论与实践相结合,综合运用所学的专业知识去解决实际问题。近些年来,大学教学改

---

① 刘电芝.学习策略研究[M].北京:人民教育出版社,2001:3.

革的一项重要内容就是强调学生的专业实践能力，可见，实践性对于大学学习方式的重要性。四是选择性。大学的课程设置是一个复杂的动态发展系统，从层次上讲包括基础课、专业基础课和专业课，从是否可供学生选择的角度上看包括必修课和选修课。大学生的自主支配时间比中小学生多，可以选择自己感兴趣的领域进行学习。同时，大学教师的教学也具有一定的开放性，学习任务的布置也比较灵活，学生可以根据自己的学习时间和学习特点来选择自己的学习方式。

二、新时代大学学习方式的转向及策略

审察目前大学的学习方式，可以发现机械接受学习或灌输式的接受学习是主流。这类学习方式是一种维持性学习、被动学习、单干式学习、外控式学习和竞争性学习，其特征主要表现为：第一，以储存或占据已有知识为主要任务，以适应已知的、可预测的问题情境为主要目标；第二，以复制正确答案或解决老问题为标准，以过去的行为或经验为参考；第三，学习行为趋于一致性、相同性或简单划一；第四，学习同伴的关系是竞争性的，学习结果是规定的或可预测的；第五，信息流是自上而下的或从 A 到 B 的过程。[①] 在这种学习方式下，学生"就像一个熟练的博物馆导游，没有学到一点儿超出这些占有知识之外的东西。以占有方式去生存的大学生只有一个目标——死记'学过的东西'。他们使用的方法不外乎两种，不是把学过的东西硬塞进记忆，就是小心翼翼地保存他们的笔记。他们不需要一丁点儿创新或有所发挥"[②]。学生的自主性和生产性思维空间因此被阻断，创新能力的培养也无所归依。为了使大学生开展高阶学习，养成高阶能力，满足终身学习社会的要求，适应新时代发展的需要，必然要转变传统的学习方式。

（一）自主性学习

自主性学习，也是积极的学习、自觉的学习、元认知监控的学习，是学习者能够根据自己的能力和任务要求，积极主动地调整自己的学习策略和努力程度的学习。其特征有：第一，学习者参与制订对自己有意义的学习目标，自己制订学习进度，参与设计评价指标；第二，学习者积极发展各种思考策略和学习策略，在

① Galbreath J. Preparing the 21st Century Worker: The Link between Computer-based Technology and Future Skills Sets[J]. Educational Technology, 1999(6): 18.

② Maslow, A. *Motivation and Personality*[M]. New York: Harper & Row, 1987: 33.

解决问题中学习；第三，学习者在学习过程中有情感的投入、有内在动力的支持、有积极的情感体验；第四，学习者在学习过程中能对认知活动进行自我监控，并做出相应的调适。

信息化时代和知识社会需要有自主学习能力的学习者。自主性学习之所以重要，不仅是因为行为自主是人的生理和心理发展的必然走向和成熟的特征表现，它也是学生适应独立学习、终身学习、个性化学习和教育终身化，实现自我可持续发展的能力保证。相比中小学生而言，大学生已经具备一定的自主能力，其自主选择的机会也更多。但要想使得大学生进一步“想学”“能学”“会学”“坚持学”，还需要转变大学学习方式上他主、被动、机械的状态。这就要求新时代大学进一步优化学习方式：一是赋予学生更多的自主学习权利。从大学教育的规律和特点来看，大学生自主性学习的实现，离不开学校创设的自主学习环境。可以通过创造宽松的学习环境，让学生拥有更多自主学习的权利，如对教学的知情权、课堂参与讨论权、独立思考权、自我发展权等。二是留给学生足够的自主学习时间。为了确立学生的主体地位和实现学生的自主性学习，教师必须为学生提供足够的自主学习时间和自主学习机会。三是为学生提供丰富的自主学习资源。学生的自主性学习必须依赖于一定的学习资源才能完成。学习资源是能够帮助学生有效学习的各种内外因素和条件，包括信息资源（如教科书、辅导教材、网络、媒体等）、人力资源（如教师、学习同伴、其他教育者等）和环境资源（如实验室、图书馆、学习氛围等）等。① 四是让学生参与学习评价。学生通过对自己学习的评价和学生之间的相互评价，可以对自己的学习活动进行反思，学会检视自我、调控自我、激励自我不断进取，反思自己究竟学到了什么、对什么感兴趣、是否认真学习等，从而激发起学习的内在动机和自信心，养成对学习负责的态度。

（二）合作性学习

合作性学习是指学生在小组或团队中为了完成共同的任务，有明确的责任分工的互助性学习。它是就学习的组织形式而言的，相对的是“个体学习”或“孤立学习”。合作性学习的基本特征是：第一，积极的相互配合、支持，特别是面对面促进性的互动；第二，积极承担在完成共同任务中个人的责任；第三，期望所有学生进行有效沟通，建立并维护小组成员之间的相互信任，有效地解决小组冲

---

① 孟庆男．基于自主性学习的教学模式[J]．课程·教材·教法，2006(2)：21—25．

突；第四，对于个人完成的任务进行小组加工；第五，对共同活动的成效进行评价，寻求提高其有效性的途径。

合作性学习改变了传统学生孤立的、封闭式的学习方式。在这种新的学习方式中，学生不再是孤立的个体，也不再被动地接受知识，而是通过与其他学生的交流与协作，发展与人交流、沟通和合作的意识和能力，同时实现资源的共享和最大化利用。不仅如此，合作性学习还将个人之间的竞争转化为个体之间的合作，有助于培养学生的合作意识和团队精神；有助于因材施教，可以弥补一个教师难以面向有差异的众多学生进行教学的不足，从而真正实现使每个学生都得到发展的目标；有助于不同智力水平、认知结构、思维方式的学生超越个体之间狭隘的竞争关系，为完成共同的学习任务而自觉合作，实现“互补”，达到合作创新、共同成长的目的。新时代大学应鼓励合作性学习，积极创设合作性学习的机会和条件。

1. 选定课题，确定要学习的内容或任务

教师要让学生明确合作学习的任务。任务应具有一定的难度，有合作学习的价值。

2. 组建学习小组，明确组员职责

教师在分配学习小组时，要充分考虑学生个体之间的差异，如学生的兴趣爱好、学习成绩、认知能力以及性格特点等。学习小组的分配要遵循“组间同质，组内异质”的原则，每组以 6～8 人为宜，并选择一名具有较强领导能力、与同伴关系融洽的学生作为小组组长。为了使小组合作学习能够顺利开展，必须对小组内成员的职责进行明确，也就是说，每个人具体做什么要进行事先规划和分配。小组成员在完成自己学习任务的同时，也要相应地承担小组中的特定责任。与其他同伴相比，每个人所承担的职责又是相对独立的，其他人无法替代。当学习小组运行一段时间后，组内各项机制相对稳定时，组员之间所扮演的角色也就可以进行轮流替换，让每一个学生都能够体会不同的角色，从不同的角度去思考问题。

3. 制订小组学习目标

教师要充分发挥引导作用，结合实际教学内容以及进度安排，根据学生的实际情况以及学习水平，共同制订合理的学习目标。

4. 开展交流与竞争

通过教师的指引，合作学习小组之间开展关于如何学习、怎样学习等方面的经验交流。此外,教师也要通过适宜的方式引导小组内成员开展良性竞争,以此来检验合作学习的成果;还应当根据组间交流和竞争的结果来开展科学的评价,帮助学生正确看待自身存在的问题,并找出问题的症结,制订合理的改善计划。

5.提高学习效果,给予成绩评价

合作学习小组的汇报员要面向全班同学汇报小组的学习成果,总结学习经验以供大家交流和参考。学生汇报结束后,教师需要对各个小组的合作学习情况进行总结,分析其优点与不足,然后组织学生开展组间互评。

(三)探究性学习

探究性学习是指教师为学生创设特定的学习情境,学生在这种情境中产生探索欲,并开展自主探究的过程,旨在培养学生自主探索的能力以及创新意识。其基本特征是:第一,强调以问题为载体,注重探索性与创新性;第二,强调学习的开放性,注重学习的实践性;第三,强调学生的自主与独立,注重培养其解决问题的能力;第四,强调学生在学习中的感受和体验,注重探究过程;第五,强调学生之间的交流与合作,注重表达与协作能力的培养。教育部曾明确指出,教师在开展教学活动过程中,必须要积极探索和推动研究性教学,让学生通过学习提高自身的创新能力。从某种层面来讲,学习和研究是两个密不可分的步骤,也可以说是同一个学习过程中两个必不可少的环节。在学习中进行探究,在探究中不断学习。缺乏探究何谈创新?因此,探究性学习是新时代高等学校学习方式转型的重要方向,是培养学生创新精神和实践能力的重要途径。

开展探究性学习时,教师需要协助学生选择符合学科内容、具有探索价值的课题。当然,课题的选择可以根据学生的兴趣爱好,也可以由教师制订题目供学生选择。不论是何种情况,都必须注意:一是课题不能脱离所学专业的相关内容,课题必须具有新意、有研究价值,必须联系实际,在具有一定前瞻性的同时不能超出学生的研究能力范围;二是教师要协助并指导学生对课题的研究方案进行制订,预设研究过程中可能会遇到的所有问题,并做好应对策略;三是对学生的学习研究进度要进行随时跟踪检查,根据学生的实际情况进行具有针对性、个性化的指导;四是对学生的研究成果进行及时、科学的评价,并定期组织学生开展交流活动。为了满足学生在探究性学习过程中的需求,教师应当以问题的形式将知识传授给学生,根据教学内容创设相应的教学情境,让学生能够在不同的实践活动中去感知知识,并不断进行自我反思。

卓越辅导员、20 项优秀教学成果。

国际教育：推进本科教育国际化进程，20％以上的本科学生和 60％以上的创新实验班学生有境外学习经历，规模化引进国际课程。

培养质量：学生综合素养和专业素质明显提升，创新创业能力显著增强，就业率和就业质量保持在较高水平，国家级竞赛、科研项目、创新创业成果、考研和出国深造等指标明显提高。

四、建设任务与措施

(一)围绕“立德树人”根本任务，构建核心价值教育体系

教育引导学生树立共产主义远大理想和中国特色社会主义共同理想，激励学生形成“爱国、励志、求真、力行”的责任感，构建课程思政和“三全育人”体系。

1. 课程思政教学体系建设。把思想政治教育贯穿于高水平本科教育全过程，围绕“立德树人”根本任务，加强理想信念教育，厚植爱国主义情怀，把社会主义核心价值观教育融入教育教学全过程各环节。着力课程思政和专业思政建设，紧紧围绕“各类课程与思想政治理论课同向同行”的要求，以社会主义核心价值观为引领，以“本科教育全课程、教育教学全要素、教学管理全过程”为建设抓手，推动以课程思政为目标的课堂教学改革。通过建设一批课程思政重点课、示范课和特色课，带动全校课程思政；通过打造“教书”“育人”协调发展的师资队伍、建设“专业”“思政”有机融合的教学资源、构建“课内”“课外”相互结合的教育模式、建设“学校”“培养单位”共同推进的教学研究体系，建好课程思政教学体系；通过强化教学管理，把好教材管理关，站好课堂教学岗，打好建设攻坚战，保障课程思政的有效落实，形成专业课教学与思想政治理论课教学紧密结合、同向同行的育人格局。到 2022 年，建设 50 门课程思政重点课、示范课和特色课。

2. “三全育人”体系建设。以“十大育人”体系为基本框架，以《高校思想政治工作质量提升工程实施纲要》为基准，以“强化基础、突出重点、建立规范、落实责任”为基本思路，全面落实《西南大学大学生思想政治教育质量提升工程实施方案》，全面实施思想铸魂工程、成才导航工程、实践创新工程、精准服务工程、组织育人工程等五项重点工程建设项目，强化基本标准规范和制度的建设与落实，加强思想政治教育师资队伍、教育教学方法、配套制度等方面的建设，深入挖掘、拓展育人的内涵、内容和载体，健全、完善大学生思想政治教育体系。深入推进学

生考核评价体系改革,科学设计综合考评体系,合理制订考核标准,优化综合考评的内容和结构,充分发挥综合测评的育人导向作用,引导学生培育和践行社会主义核心价值观,养成良好的道德品质和行为习惯的自觉性。

(二)突出"学生发展中心"理念,深化人才培养模式改革

以学生发展为中心,推进学科与专业一体化建设,加强一流学科和一流专业的相互衔接,强化学生的理想信念和综合素质教育,实施大类培养模式改革,完善协同育人机制,实现本科教育内涵式发展。

3.全面推行大类培养。进一步加强"基于综合、立于专业、归于个性"的人才培养体系建设,学院(部)根据学科专业特点和具体实际,科学选择实施"1.5+2.5"或"2+2"的分段式培养模式,按照"拓宽专业基础、整合教学资源、注重交叉融汇"的原则,实施大类招生和大类培养,构建大类培养课程体系。推进学部制改革,完善学部建设与管理,明确学部职责,充分发挥学部在人才培养中的组织、协调、管理和决策等职责。

4.探索本科生院管理模式 。紧紧围绕学生发展,优化人才培养治理结构,统筹本科生人才培养过程一体化管理,整合本科招生就业、思想政治教育、教学管理服务、教育信息化等工作。探索书院制或学园制学生管理新模式。优化整合教育教学资源,有机衔接教育教学过程,凝聚汇集人才培养合力,构建协同育人新机制。

5.推进拔尖创新人才培养。根据教育部联合相关部门出台的"卓越拔尖计划2.0"系列文件精神,按照"拓围、增量、提质、创新"的新要求,以学校拔尖创新人才培养体系为基础,以学校学科专业发展特色为依托,根据教育部等六部门《关于实施基础学科拔尖学生培养计划2.0的意见》,深入推进基础学科拔尖人才培养。深入推进卓越教师、卓越农林等人才培养体系的建设与改革,健全完善拔尖创新人才校、部(院)两级培养和管理体系,建立学科交叉、专业互通的人才培养体系,探索构建更为灵活的人才培养模式,试点推行"本—硕、本—硕—博连读,'2+2'联合培养"等培养模式,形成课程、专业、学科联动的人才培养机制,全面提高拔尖创新人才培养质量。

6.拓展国际教育。以培养"大批具有国际视野、通晓国际规则、能够参与国际事务和国际竞争的国际化人才"为目标,以"引进来、走出去、强基础、促合作"为基本思路,加大投入力度,扩大国际项目规模,完善配套管理制度,拓展对外交

流平台。设立暑期国际课程周，规模化引进国际知名大学的一流师资到校授课，引进国际知名大学一流课程供学生选读，推进全英文专业和全英文课程建设；进一步发展中外合作办学，拓展中外学生交流互换项目，增加项目规模，扩大国际化教育辐射面；完善中外课程转换和学分互认制度，鼓励多种形式的中外联合培养。到 2022 年，实现各学部国际化人才培养项目全覆盖，20%以上的本科学生、60%以上的创新实验班学生和 80%以上的拔尖人才实验班学生有境外学习经历。

（三）以专业认证为建设导向，狠抓本科专业内涵建设

以专业认证的新理念推动专业内涵建设，分类推进专业认证、专业评估和专业动态调整，强化专业核心课程的引领示范，全面加强学生的专业能力提升。

7. 推进“一流专业”建设。根据国家一流专业“双万计划”的建设要求，依托学校一流学科、优势学科、特色学科，构建“学科、专业、课程”一体化的建设机制。根据高等学校本科专业类教学质量国家标准和专业认证的基本理念，组织实施“一流专业”点建设项目，狠抓本科专业内涵建设，科学制订本科专业培养方案，重构课程体系，丰富教学资源，补充师资队伍，提高人才培养质量，建成面向未来、适应需求、引领发展、理念先进、彰显特色、保障有力的一流专业点。到 2022 年，建成 10 个国家一流专业点、40 个重庆市一流专业点。

8. 开展专业分类评估。从专业定位与人才培养、师资队伍与教师教学、教学条件与实践教学、课程建设与教学改革、教学管理与教学运行、人才培养质量与社会声誉、专业特色等方面，对专业进行综合评估，探索引进第三方评估机构，形成专业评估报告和本科教学数据分析报告，指导学校专业建设与改革。建立专业动态调整机制，推动就业与招生计划、专业建设水平、人才培养的有效联动。以专业评估结果为依据，划分“一流专业、优势专业、特色专业、其他类专业”四个层次，学校将分层次制订专业建设投入标准，重点支持一流专业、特色专业、优势专业的建设，对学科专业水平不达标、办学条件差、教学管理不善及招生就业困难的专业，实行减少招生或停止招生，以减少投入、招生等方式驱动专业动态调整。

9. 分类推进专业认证。围绕“学生中心、产出导向、持续改进”的建设理念，对标专业认证指标体系，全面修订人才培养方案，优化课程大纲，完善质量保障体系，分类分步推进专业认证。全面启动师范类专业认证和农科类专业认证，积

极推进工程教育专业认证，试点其他学科类专业认证工作。到 2022 年，师范类和农科类专业国家二级认证通过率 100%，三级认证通过率超过 70%。

10. 加强专业核心课程建设。进一步推行专业核心课程毕业制度，构建专业核心课程体系，科学确定人才培养目标和毕业要求，提升课程体系对毕业要求的支撑度，注重课程体系的系统性和综合性、课程建设的衔接性和交叉性，每个专业构建 6～12 门专业核心课程体系。围绕核心课程建立首席教授制，培育专业核心课程优秀教学团队，创新教育教学方法，逐步推行专业核心课程小班化教学。到 2022 年，建设 500 门专业核心课程，培育 20 个专业核心课程优秀教学团队，专业核心课程全面实行小班化教学。

11. 强化实践教学建设。以提高学生实践能力为根本出发点，统筹管理，强化基础，整合资源，构建实验、实习、实训三维实践教学体系。整合实验教学资源，更新实验教学内容，增加实验内容的前沿性和应用性，充分利用现代信息技术，改造、升级现有实验教育平台，建设综合性、智能化、多元开放的实验教育平台，打造"基础实验、专业实验、综合实验和创新实验"分层递进的实验教学体系。整合社会教育资源，注重实践平台的拓展与布局，建设综合性、现代化、产教一体的实践教学示范基地，构建协同育人实践教学体系。到 2022 年，建设 20 个高水平综合实验教学示范中心，建设 5 个高水平实践教学示范基地，建设 5 个高水平虚拟仿真实验示范中心(项目)。

(四)聚焦提升学生学习成效，强化课堂教育教学改革

坚持学生全面发展的培养目标和素质教育的基本要求，科学规划学生的学习任务，改进教学评价方式，增强学生学习自觉性与主动性。推广应用现代信息和智能技术，改善教学环境，改革教学方法，推进课堂教学变革。

12. 提升通识教育教学质量。组建通识教育中心，统筹通识类课程的建设和管理。以着重培养学生的"宇宙自然大格局、国际人类大视野、家国民生大情怀、哲学管理大智慧、文化艺术大品位"为目标，按照"名师领衔、重点培育、模块建设、多元开放"的建设思路，深入挖掘学校学科专业特色与优势，整合课程资源，重构课程模块，重点建设一批通识教育特色课，引进一批校外优质在线开放课程资源，逐步构建资源丰富、结构合理、特色鲜明、吸引力强的通识教育课程库。到 2022 年，建设 20 门通识教育特色课、100 门优质通识教育选修课。

13. 变革课堂教学形态。重塑教育教学形态，推动传统课堂以教为主的教学

形态向以学为主转变。深入推广启发式、探究式、讨论式、参与式、案例式等新的教学方法，积极探索互联网＋、云教学等新的教学途径，广泛应用雨课堂、学习通、蓝墨云等新兴教学平台，激发学生学习志趣，提高学生的课堂参与度，引发学生深度思考。优化教学设计与课堂教学，倡导项目学习、小组学习、翻转课堂等方式，引导学生深度学习，强化学生思维能力培养，提升课堂教学效果。推进现代信息技术与教育教学深度融合，加大智慧教室的建设力度，分批启动在线开放课程建设项目，建设智慧教学示范性课程，培育精品在线开放课程，完善在线课程建设与管理，激励教师创新教育方法，增加课堂教学吸引力，提高课堂教学质量，打造"一流本科"课堂教育教学新气象。到2022年，建成100门校级在线开放课程，建成10门国家级精品在线开放课程，建设100个智慧教室，建设20门智慧教学示范性课程。

14. 构建学生学习质量保障体系。加强课程质量建设，以本科生合理增负为导向，增加课程难度、拓展课程深度，淘汰"水课"、打造"金课"；强化学生学习过程管理，完善多样化考核方式改革，加大过程考核成绩在课程总成绩中的比重，适当增加课程考核难度，合理提升学业挑战度；强化学生学习规范管理，修订、完善课堂教学规范、本科毕业生论文（设计）等管理制度，严抓学生考勤，严管课堂规范，严格考试纪律，严把毕业出口关，保证学生学习质量；加强学生学业指导，成立学业指导中心和创新创业指导服务中心，统筹新生教育、职业生涯教育、学业指导、创新创业指导等工作，探索建立分层多样的学业指导体系和创新创业指导服务体系，切实提升学生学习质量。积极营造优良的学风，激发学生责任意识，引导学生自主学习。

（五）优化创新创业教育体系，统筹创新创业教育管理

优化创新创业教育体系，统筹创新创业教育规划与管理，完善创新创业课程体系，加强创新创业基地建设，改进创新创业培育方式，拓宽创新创业师资队伍，全面提升学生创新创业意识，增强学生创新创业能力。

15. 建设创新创业教育教学体系。构建"1＋X"创新创业课程体系，研发创新创业系列课程，构建创新学习、创业基础、创业实务等课程模块，开发一批虚拟仿真创业培训课程；组建专兼职结合的创新创业教师队伍，建立创新创业导师库，实施教师创新能力提升工程，全面提高创新创业教育教学质量。拓展创新教育实践平台，建设跨学科、跨专业的创新创业教育开放实验室，构建创新创业校

地校企合作平台，建设校内校外的创新创业实践基地、研究基地和孵化基地，构建国际化创新创业实践合作平台，培育创新创业示范项目，为学生提供更多的项目锻炼机会，鼓励学生参与到丰富的创新创业实践活动中，切实提升学生自主创新创业实践能力。到2022年，培育20个创新创业示范项目。

16.优化创新创业教育管理模式。调整西南大学深化创新创业教育改革领导小组，强化创新创业学院的统筹管理职能，统筹推进创新创业课程体系和实践平台、国家级大学生创新创业训练计划、各类创新创业竞赛、含弘学院日常教育和管理、拔尖创新人才计划、大学生创业引领计划和大学生就业促进计划等项目的建设与实施。成立创新创业教育专家指导委员会，建立创新创业工作督导机制，将创新创业工作情况列入学校事业发展年度报告、本科生与研究生教学质量年度报告和毕业生就业质量年度报告，接受社会监督。

（六）完善教学激励制度建设，激活教师本科教学热情

坚持教师是一流本科教育建设的第一资源，强化教师教书育人的身份定位和根本职责。深化教学绩效改革，完善教师教学激励制度，激发教师安心从教、热心从教的热情。加强教师教育教学能力培训，提升教师教育教学能力和水平。

17.提升教师教书育人能力。组织开展“教研活动周”，以每学期的教学期中检查为契机，统筹安排校院领导听课、评选院系公开课、公开课观摩、课堂教学研讨等系列活动，营造教学研讨规模效应，形成热烈的教学研讨氛围，建立常态化“听课、评课、改课”的课堂教学反馈提升机制。建立健全教师教学能力定期培训制度，充分发挥教师教学发展中心和教师工作部的职能，加强教师教学技能培训，加强师德师风与教育情怀的引导。强化基层教学组织建设，构建专业负责人、课程负责人培训机制，健全教学研讨制度，培育优秀基层教学组织负责人，激发基层教学组织活力，充分发挥专业负责人专业建设、课程建设、教学改革、教学研讨的作用。到2022年，培育20名优秀专业负责人。

18.深化教学绩效改革。推进教学学术考评体系建设，探索建立本科教学投入、奖励标准，对教师在教学方面的努力、贡献、水平给予科学的学术评价和学术承认，凸显本科教学的贡献和价值，从根本上调动教师投入本科教育教学的积极性。优化教学绩效改革方案，实行本科教学绩效单独核算，引导教师投入教学，促进教育教学资源的流动互通共享。

19.本科教育激励机制建设。建立教师教育教学奖励体系，调整课酬标准，

突出优质优酬，鼓励卓越教学，促进乐教善教，分级分类制订课酬标准，适当上浮各级精品示范课程、教学名师课堂等优质课程的课酬；设立教学奖励专项基金，奖励在教书育人方面有突出表现的教师；加强教学成果培育指导，设立优秀教学成果培育项目，鼓励更多的教师积极投入教学研究、教学改革和教学建设，推动本科教育教学综合改革。到2022年，重点奖励20名卓越教师、10名优秀辅导员，设立20项优秀教学成果培育项目。

20. 深化教学评价体制机制改革。调整教学质量评价组织机构，教师教学发展中心统筹本科教学评价工作。教师教学发展中心在咨询评价职能的基础上，增加教学质量评价职能，加强对教学质量评价的统筹、管理和应用，建立健全“评价一反馈一改进”的教学评价机制。优化教学质量考核评价机制，修订教师职称评定、考核办法，在教师专业技术职务晋升中实行本科教学工作考评一票否决制，全面落实教授上课制度；将教学质量评价结果引入专业调整、招生计划、绩效方案、教学考核、职称评定、评优评奖等事关学院和教师发展的关键环节上，充分利用教学评价的监控作用和杠杆作用，激励教师投入教学。

五、保障措施

（一）思想保障

加深学习理解，凝聚建设一流本科教育共识，将与本科教育教学相关的重要会议、文件等精神、政策和要求作为党委中心组学习、教职工政治理论学习和党团组织生活会的重要内容，各级单位、组织每一学期至少组织开展一次建设一流本科教育专题学习活动。加强宣传教育，形成全校重视本科教育的氛围，充分利用校报、电视、校园网、校园广播和宣传栏以及手机报、微博、微信等新媒体，在学院、学校等各级宣传平台上，设立建设一流本科教育专题版块及内容。

（二）组织保障

加强学校对一流本科建设行动计划的组织与领导。定期召开专题研讨会，推进行动计划的实施。实行“一把手”负责制，学校党政领导亲自统筹部署，各职能部门负责人按照学校统一部署，积极组织、协调各项计划、建设和改革任务，全力支持计划实施；学院党政主要领导统一思想认识，强化责任意识，积极开展工作，落实建设任务。将一流本科教育建设效果纳入年终考核体系，对各学院本科教育教学效果进行考核，考核结果列为单位年终绩效的重要指标。

（三）制度保障

组织制订具体实施方案，明确改革任务，细化建设措施，及时修订、制订配套的各项教学管理、绩效改革、队伍建设、资源配置、机构建设等方面的制度文件，全力支持一流本科教育建设。学院结合自身发展特色，明确建设目标，制订具体工作方案，落实建设举措，完善管理制度，扎实推进一流本科教育建设。

（四）条件保障

加大对本科教育建设经费的投入，每年设立一流本科教育专项建设经费，用于智慧教室、云教学平台、一流专业 、优势专业、专业核心课程、实验教学平台、图书等教育教学设施、平台和资源的建设；加快信息化建设、教室改造等进程，增加教室资源，补齐软、硬件设施，保障现代教学形态建设；适当提高学院的本科教育建设经费，鼓励学院为教育教学改革项目、各项奖励等提供配套支持。

主要参考文献

[1]徐辉,季诚钧,等.大学教学概论[M].杭州:浙江大学出版社,2004.

[2]陈时见.大学教学改革研究[M].重庆:西南师范大学出版社,2007.

[3]潘洵,朱亚萍.大学教学管理研究[M].重庆:西南师范大学出版社,2007.

[4]胡弼成.大学课程体系现代化[M].长沙:湖南大学出版社,2007.

[5]常思亮.大学课程决策论[M].长沙:湖南大学出版社,2010.

[6]史秋衡,陈蕾.中国特色高等教育质量评估体系的范式研究[M].广州:广东高等教育出版社,2011.

[7]王琪,程莹,刘念才.世界一流大学:国家战略与大学实践[M].上海:上海交通大学出版社,2011.

[8]徐同文.大学课程设计[M].北京:教育科学出版社,2011.

[9]张伟江,李亚东,等.大众化高等教育的质量保障与评价[M].北京:高等教育出版社,2011.

[10]王龙.大学课程教学与管理[M].上海:华东理工大学出版社,2012.

[11]中共中央马克思恩格斯列宁斯大林著作编译局.马克思恩格斯选集(第一卷)[M].北京:人民出版社,1995.

[12]周光明.回归大学教育本原的探索——西南大学"五分"人才培养体系的构建与实施[M].重庆:西南师范大学出版社,2013.

[13]吴剑平,赵可,等.大学的革命——MOOC时代的高等教育[M].北京:清华大学出版社,2014.

[14]习近平.习近平谈治国理政[M].北京:外文出版社,2014.

[15]别敦荣,等.世界一流大学教育理念[M].厦门:厦门大学出版社,2016.

[16]林健.卓越工程师培养质量保障——基于工程教育认证的视角[M].北京:清华大学出版社,2016.

[17]潘懋元.大学的沉思[M].北京:商务印书馆,2017.

[18]吴能表,陈时见.高校教师教学发展中心工作指南[M].重庆:西南师范大学出版社,2016.

[19]习近平.习近平谈治国理政(第2卷)[M].北京:外文出版社,2017.

[20]张应强,等.高等教育[M].北京:科学出版社,2018.

[21]郝清杰.新时代高等教育强国大家谈[M].北京:人民出版社,2019.

[22]高有华.新时代大学课程发展与变革研究[M].芜湖:安徽师范大学出版社,2018.

[23]耿有权.论中国特色世界一流大学[M].北京:中国科学技术出版社,2019.

[24]余小波.新时代大学教育思想研究[M].长沙:湖南大学出版社, 2019.

[25] [英]约翰·亨利·纽曼.大学的理想(节本)[M].徐辉,顾建新,何曙荣,译.杭州:浙江教育出版社,2001.

[26][美] 亚伯拉罕·弗莱克斯纳.现代大学论——美英德大学研究[M].徐辉,陈晓菲,译.杭州:浙江教育出版社,2001.

[27]联合国教科文组织.教育——财富蕴藏其中[M].联合国教科文组织总部中文科,译.北京:教育科学出版社,2014.

[28]董泽芳.高校人才培养模式的概念界定与要素解析[J].大学教育科学,2012(3).

[29]刘贵芹.创新高校人才培养机制的探索与思考[J].中国大学教学,2014(10).

[30]杜洋.浅析信息化背景下高校教学改革面临的机遇与挑战[J].中国教育学刊,2015(S1).

[31]甘晖.基于大学治理能力现代化的大学治理体系构建[J].高等教育研究,2015(7).

[32]孙雷."卓越计划"理念下的校企协同育人机制探索[J].江苏高教,2016(4).

[33]周光礼."双一流"建设中的学术突破——论大学学科、专业、课程一体化建设[J].教育研究,2016(5).

[34]潘懋元.建设一流本科 全面统筹推进[J].中国大学教学,2016(6).

[35]邬大光.重视本科教育:一流大学成熟的标志[J].中国高教研究,2016(6).

[36]胡弼成.高等教育质量观的演进[J].教育研究,2016(11).

[37]刘贵芹.加快推进信息技术与本科教学深度融合[J].中国高等教育,2016(23).

[38]谢阳斌,桑新民.如何在“双一流”建设中促进科研与教学协同发展——国际教学学术运动的深层反思与战略谋划[J].教育发展研究,2018(7).

[39]周作宇.微观政治:大学治理中的一个特殊场域[J].清华大学教育研究,2017(2).

[40]曹晶,罗尧成,姚巍巍.我国本科教学评估研究热点与发展趋势[J].黑龙江高教研究,2018(8).

[41]张宁娟.“六个下功夫”:新时代人才培养的行动指南[J].教育研究,2018(9).

[42]卢婧.我国高校教学评价的现状及未来发展[J].黑龙江高教研究,2018(10).

[43]别敦荣,李家新.高等教育发展的中国道路[J].高等教育研究,2018(12).

[44]吴岩.建设中国“金课”[J].中国大学教学,2018(12).

[45]冯秀军.时代新人培养与新时代的大学使命[J].东北师大学报(哲学社会科学版),2019(2).

[46]张德祥,王晓玲.高等学校专业动态调整的三重逻辑[J].教育研究,2019(3).

[47]董立平.关于大学课程建设与改革的理论探讨——基于中国大学“金课”建设的反思[J].大学教育科学,2019(6).

[48]别敦荣.大学课堂革命的主要任务、重点、难点和突破口[J].中国高教研究,2019(6).

[49]张应强.从政策到行动:建设一流本科教育需要面对的关键性问题[J].江苏高教,2019(9).

[50]张大良.完善协同育人机制,提高人才培养质量[N].中国教育报,2013-12-24.

[51]吴岩.新时代高等教育面临新形势[N].光明日报,2017-12-19.

[52]夏鲁惠.新时代中国大学的使命[N].光明日报,2018-06-05.

[53]黄达人,王旭初.重视高校办学定位,克服“五唯”痼疾[N].中国教育报,2018-12-27.